Kochen ohne Stress und Eile

Trish Deseine

Kochen
ohne Stress und Eile

125 Rezepte für den Familienalltag

Fotos von Sylvain Thomas

AT Verlag

Schmoren, sieden, brutzeln, einmachen – diese Begriffe wecken Erinnerungen an die köstlichen Gerichte unserer Kinderzeit, die unsere Mütter und Großmütter stets mit einer kräftigen Prise Liebe würzten.

Doch unser Leben hat sich verändert. Zwänge und Verpflichtungen lassen unsere Zeit knapper und knapper werden. Wie sollen wir da noch so kochen, wie es früher üblich war? Andererseits … Die Gerichte von damals haben eine Grundzutat gemeinsam: Zeit. Deshalb lassen sie sich so wunderbar mit unserer modernen Art zu leben vereinbaren, erlauben es uns, sie neu zu entdecken. Sie können sie zubereiten, wenn Sie gerade Lust und Gelegenheit dazu haben. Sie passen sich Ihrem Leben an – nicht umgekehrt!

Alles wird aus besten Produkten hergestellt, und es schadet kein bisschen, wenn ein Gericht aufgewärmt, auf dem Herd oder im Ofen stehen gelassen oder über Nacht im Kühlschrank untergebracht wird. Im Gegenteil: Dadurch gewinnt es sogar an Geschmack, und Sie können sich in Ruhe um ihre übrigen Aufgaben kümmern. Klein, fein und unkompliziert ist eine Sammlung klassischer und weniger klassischer Rezepte mit französischen, mediterranen, angelsächsischen und asiatischen Einflüssen. Sie wurden überarbeitet und vereinfacht, und so sind selbst Koch-Novizen ihnen gewachsen – vorausgesetzt, sie können sich auf dem Markt oder im Fachgeschäft die Zutaten besorgen.

Inhalt

Kleine
Gaumenfreuden

Bei mir gibt es keine Blinis mit Tarama mehr: Hatte ich sie nämlich zubereitet, bevor die Gäste kamen, waren sie beim Servieren unansehnlich, kalt und zäh. Wollte ich sie ganz frisch servieren, brachte ich den Toaster zum Glühen, rannte ständig zwischen Küche und Wohnzimmer hin und her und verpasste so den pikantesten Klatsch des Abends. Bat ich dann schließlich meine Gäste zu Tisch, waren sie beschwipst und ziemlich hungrig, denn keiner hatte gewagt, mehr als zwei Blinis zu verdrücken. Schließlich war meine Drohung unüberhörbar gewesen: »Möchte etwa jemand noch ein Blini?«

Zur Zeit besinnt man sich wieder auf das Ursprüngliche, und so führe ich leidenschaftliche philosophische Diskussionen mit meinem Metzger oder dem Käsehändler über Herkunft und Reifung ihrer Produkte. Kleine Gaumenfreuden zum Aperitif wähle ich sorgfältig aus, statt sie wie einst selbst zuzubereiten. Den Käse schneide ich in hübsche Stückchen und richte diese mit gerösteten Pinienkernen, Macadamia- oder Paranüssen an.
Im Sommer reiche ich Büffel-Mozzarella, Feta oder kleine runde Ziegenfrischkäse, mit Kräutern mariniert. Gibt es Schinken, schneide ich ihn in Scheiben oder kleine Stücke.
Natürlich halte ich für jene, die sich vor dem eigentlichen Mahl noch nicht satt essen wollen, Kirschtomaten, Karotten- oder Gurkenstifte, eiskalte Honig- und/oder Wassermelone, Feigen, Birnen und Aprikosen bereit. Außerdem ein wenig Brot, mit bestem grobem Meersalz bestreut und – was soll der Geiz? – mit einem exzellenten Olivenöl beträufelt.
Und verlieren Sie eines nicht aus den Augen:
Viele feine Häppchen ersetzen die Vorspeise!

Tête de Moine
mit getrockneten
Tomaten

Eine Entdeckung von meinem Schatz Pitou.
Zwar zergeht nichts so auf der Zunge wie
Tête de Moine, doch kann man auch Edamer
oder mittelalten Gouda nehmen. Bei diesen
aber unbedingt die Rinde entfernen!

Für viele Leute
Zubereitungszeit: 5 Minuten
Garzeit: 2 Stunden

3–4 Rispen Kirschtomaten
Olivenöl
1 Laib Tête de Moine und die dazugehörige Girolle
(Drehmesser)
aufgeschnittenes Landbrot
bestes grobes Meersalz, Pfeffer

Den Ofen auf 120 °C vorheizen. Die Tomaten in
eine Auflaufform geben. Etwas Olivenöl darüber
träufeln und alles gut vermischen.
Die Tomaten 2 Stunden im Ofen garen. Mit Tête
de Moine, Brot, Salz und Pfeffer so servieren, dass
sich jeder selbst bedienen kann.

Bei allen Rezepten in diesem Buch gilt: Nur keine Eile! Vieles, was in Speisekammer, Keller oder Kühlschrank ruht, gewinnt mit der Zeit sogar noch an Aroma. Und: Für (unerwarteten) Besuch haben Sie stets – oh, wie praktisch – etwas Leckeres zum Anbieten parat.

In der Schachtel gebackener Camembert

Für 6 Personen
Zubereitungszeit: 30 Sekunden
Backzeit: 15–20 Minuten

2 schöne Camemberts in Spanschachteln
Gemüse und Obst, in Stifte geschnitten
gutes Landbrot

Den Backofen auf 180 °C vorheizen. Die Camemberts aus dem Papier wickeln und zurück in die Schachteln legen. Im heißen Ofen 15–20 Minuten backen, bis sie vollständig geschmolzen sind. Die Deckel abnehmen, die Käserinde oben jeweils entfernen und den heißen Käse wie einen Dipp mit Gemüsestiften, Äpfeln, Apfelchips, Chicoréeblättern und aufgeschnittenem Brot servieren.

Gereifter Käse

Guten Käse zum Aperitif zu servieren ist eine vortreffliche Art, die Vorspeise zu umgehen und das Beste aus Frankreich und der ganzen Welt (wieder) zu entdecken.
Es macht Freude, gemeinsam die verschiedenen Sorten zu probieren und zu beurteilen, besonders wenn es dazu die passenden Weine gibt, möglicherweise sogar aus derselben Region.
Vorsicht, ich habe gemeinsam gesagt! Geben Sie nicht den Alleinunterhalter: Die Einzelheiten Ihrer Recherchen und Ihrer Wahl sind zwar für Sie selbst ungemein faszinierend, wirken auf Ihre Gäste aber eher einschläfernd.
Hier ein paar Kombinationsvorschläge:
• Roquefort und getrocknete Birnen
• Stilton und Aprikosen
• Mimolette und Äpfel
• Parmesan und geröstete Pinienkerne
• Cheddar und Chutney
• reifer Tomme und Schwarzkirschkonfitüre

Marinierte Frischkäse

Feta, Mozzarella, Ziegenfrischkäse, Ricotta und ihre Verwandten erfordern ein bisschen mehr Ausrüstung: Kleine Teller, Besteck und Servietten sind unverzichtbar. Im Sommer kann man sich mit Frischkäse und einem kühlen, schlichten Rosé wunderbar die Zeit vertreiben, während die Koteletts auf dem Grill brutzeln.
Legt man diese Käse in gewürztes Olivenöl (mit Kräutern, Zitronensaft, Knoblauch, Chilischoten oder einfach Salz und Pfeffer) und lagert sie an einem kühlen Ort, sind sie jederzeit einsatzbereit.

Apfelchips mit Limette

Für 6 Personen
Zubereitungszeit: 15 Minuten
Garzeit: 1½ Stunden

200 g Zucker
Saft und abgeriebene Schale von 1 Limette
2 Granny-Smith-Äpfel

Den Ofen auf 110 °C vorheizen.
Den Zucker mit Limettensaft und -schale in einen Topf geben. Langsam erhitzen, bis der Zucker geschmolzen ist. Den Sirup bei kleiner Hitze etwa 5 Minuten köcheln lassen.
Die Äpfel in sehr dünne Scheiben schneiden. Die Scheiben 3 Minuten im Sirup garen. Mit einem Löffel herausnehmen, abtropfen lassen und auf Backpapier oder eine Silikon-Backunterlage legen. Im Backofen 1½ Stunden trocknen. Auf einem Kuchengitter auskühlen lassen.

Rohschinken

Als ich 18 war, sah ich zum ersten Mal Melone mit Rohschinken und dachte, die Herrin des Hauses hätte vergessen, den Schinken zu garen. Letzte Woche glaubte ich noch, Aoste-Schinken käme aus Italien. Aus diesen beiden Gründen habe ich zum Thema Schinken nichts beizutragen. Halten wir einfach fest: Beim Probieren eines Schinkens spürt man, ob bei der Produktion Erfahrung und Liebe im Spiel waren. Nehmen wir also den Besten. Allerdings – siehe oben …

Sardinen: frisch und aus der Dose

Frische Sardinen lassen sich relativ einfach säubern und filetieren, aber nichts geht über die helfende Hand des Fischhändlers …
Marinieren Sie die Fische mit Olivenöl, Kräutern und Zitronensaft. Belegen Sie geröstetes gutes Brot damit, und garnieren Sie die Sardinenbrote mit einer getrockneten Tomate, wenn Sie gerade zur Hand ist.
Voll im Trend liegen Sie, wenn Sie »Sardines millésimées« mit dem Aperitif servieren. Das sind Jahrgangs-Fischchen, die einige Jahre reifen sollen, also erst nach angemessener Wartezeit aus ihren Dosen befreit werden dürfen. Beeindrucken Sie mit raffinierter Schlichtheit, und betten Sie Ihre Nobelsardinen liebevoll auf meergesalzene Luxusbutter oder servieren Sie sie ganz lässig in ihrer Edelbüchse.
Falls Sie aber ein Vernunftmensch sind und nur nicht adelige Konserven besitzen, vermengen Sie Ihre unwürdigen Sardinen mit Kräuterfrischkäse, Zitronensaft und etwas Cayennepfeffer, bevor Sie das Ganze auf geröstetes Brot streichen.

Tomaten: roh, getrocknet und geschmort

Verrückt, heute morgen sah ich bei meinem Gemüsehändler sechs verschiedene Sorten Tomaten. Glücklicherweise geht es den Tomatenzüchtern inzwischen nicht nur um Schönheit, sondern auch um Geschmack. Kirschtomaten, roh mit Fleur de sel, also bestem grobem Meersalz, und Olivenöl als Appetithappen gereicht, können sogar ziemlich gut sein.
Getrocknete Tomaten in Öl, die im Glas oder lose angeboten werden, sind der große Renner. Der Vorteil ist, dass sie bereits mariniert sind.
Wenn Sie Ihre Gäste wirklich verwöhnen möchten, nehmen Sie sich die Zeit, und rösten Sie kleine Tomaten, wie auf Seite 138 beschrieben. Sie brauchen sie nur noch auf geröstetes, nach Belieben mit Knoblauch eingeriebenes Brot zu legen und dann darauf zu warten, mit Komplimenten überschüttet zu werden.

Paprika: gegrillt und mariniert

Ich finde sie großartig. Ein bisschen aufwändig in der Zubereitung, aber es lohnt sich: Selbst gemacht (siehe Seite 136) schmecken sie viel besser als aus dem Glas oder aus der Dose.

Eis-Cidre

Ein Wein aus spät geernteten Äpfeln, der wunderbar zu altem Mimolette, Gouda oder Cheddar passt.

Eiswein

Ein Wein aus spät geernteten Trauben. Ausgezeichnet als Aperitif – besonders mit Stopfleber oder Blauschimmelkäse dazu.

Fleur de sel

Eines der Kultprodukte, die länger in Mode bleiben werden als Ölsardinen mit Stammbaum – das ist jedenfalls meine Einschätzung.
Es hat das gewöhnliche Salz verdrängt und eine ganz neue Palette an Produkten hervorgebracht: mit Fleur de sel gesalzene Butter, Rillettes mit Fleur de sel, Pommes frites mit Fleur de sel und so weiter und so fort.
Wofür man das edelste aller edlen Meersalze verwendet.
Persönliche Mitteilung an Catherine M.:
Für Nudelkochwasser nimmt man es nicht.

Familien-
Wochenende

Dass wir alles immer gleich und sofort erledigen müssen, liegt nicht daran, dass wir keine Zeit haben. Wenn ich das mal erklären dürfte …

Seit einiger Zeit schon konstatieren Soziologen immer und immer wieder, dass wir nichts lieber täten, als uns mit Freuden wieder dem Ursprünglichen zuzuwenden. Doch unser Leben beschleunigt sich gnadenlos.

Wir werden überhäuft mit Rezepten für Mahlzeiten, die in wenigen Minuten auf dem Tisch stehen. Aber falls Ihre Wochenenden ähnlich verlaufen wie meine, werden auch Sie feststellen, dass es angenehmer ist, Gerichte fertig dazuhaben, als sich von ihnen den Tagesablauf diktieren zu lassen.

Es ist so viel einfacher, eine Stunde lang oder auch zwei zu kochen, wenn es einem gerade passt (beispielsweise samstagmorgens) und man alles vor sich hin köcheln, ziehen, marinieren oder einfach abkühlen lassen kann, bis man Lust hat, sich zu Tisch zu begeben!

Für mich sind die schönsten Momente eines Wochenendes zugleich auch die, die so gar nicht geplant waren. Eine überraschende Einladung am Morgen für den gleichen Abend, eine Teestündchen, das sich bis zum Abend hinzieht. Die Rezepte hier lassen sich nach Belieben abwandeln und werden Ihre Gäste jederzeit begeistern.

Ich danke der Dame auf dem Foto für dieses Rezept. In Sachen Garflüssigkeit ist sie unerbittlich: Es käme für sie niemals infrage, den Wein mit Wasser zu verdünnen. Sinkt der Pegel der Garflüssigkeit auf beängstigend niedriges Niveau, muss eine weitere Flasche geöffnet werden! Die Händler sind eine meiner wichtigsten Inspirationsquellen. Anfangs hielten sie mich für eine etwas abgedrehte Touristin. Doch ich glaube, dass sie inzwischen stolz darauf sind, ihr Wissen mit mir zu teilen. Manchmal löst eine einfache Frage eine hitzige Debatte aus, und schon mischen sich die anderen Markthändler und -besucher ein.

Rinderbacken in Burgunder

Für 6–8 Personen
Zubereitungszeit: 20 Minuten
Garzeit: 3 Stunden

2 EL Olivenöl
1,5 kg Rinder- oder Kalbsbacken
3 Karotten, geschält und in Scheiben geschnitten
3 weiße Rübchen, geschält und in Stücke geschnitten
1 Flasche Wein (mindestens!)
1 mit 2 Gewürznelken gespickte Zwiebel
Thymian, Lorbeer
Salz und Pfeffer

Das Öl in einem Schmortopf erhitzen und das Fleisch darin rundum anbraten. Das Gemüse hinzufügen und ein paar Minuten mitbraten. Mit dem Wein ablöschen, dann die Zwiebel, die Kräuter, Salz und Pfeffer hinzufügen. Behutsam würzen, da die Flüssigkeit stark einkocht. Zugedeckt bei kleiner Hitze etwa 3 Stunden schmoren. Kocht die Garflüssigkeit zu sehr ein, mehr Wein – auf keinen Fall Wasser! – angießen.

VARIANTE • Ersetzen Sie die Rinderbacken doch einmal durch Schweinebacken und den Wein durch Cidre. Sie können auch etwa 20 Minuten vor Ende der Garzeit ein paar geschälte Kartoffeln dazugeben.

Rind

Zum Schmoren oder Kochen eignet sich
Fleisch aus:
Hoher Rippe, Hohrücken
Kamm
Hüfte, Huft
Keule
Ochsenschwanz
Schulter (nur unterer vorderer Teil)
Brust
Querrippe
Nacken, Hals

Kalb

Zum Schmoren oder Kochen eignet sich
Fleisch aus:
Keule, Haxe
Hüfte, Huft
Brust
Querrippe
Schulter
Nacken, Hals

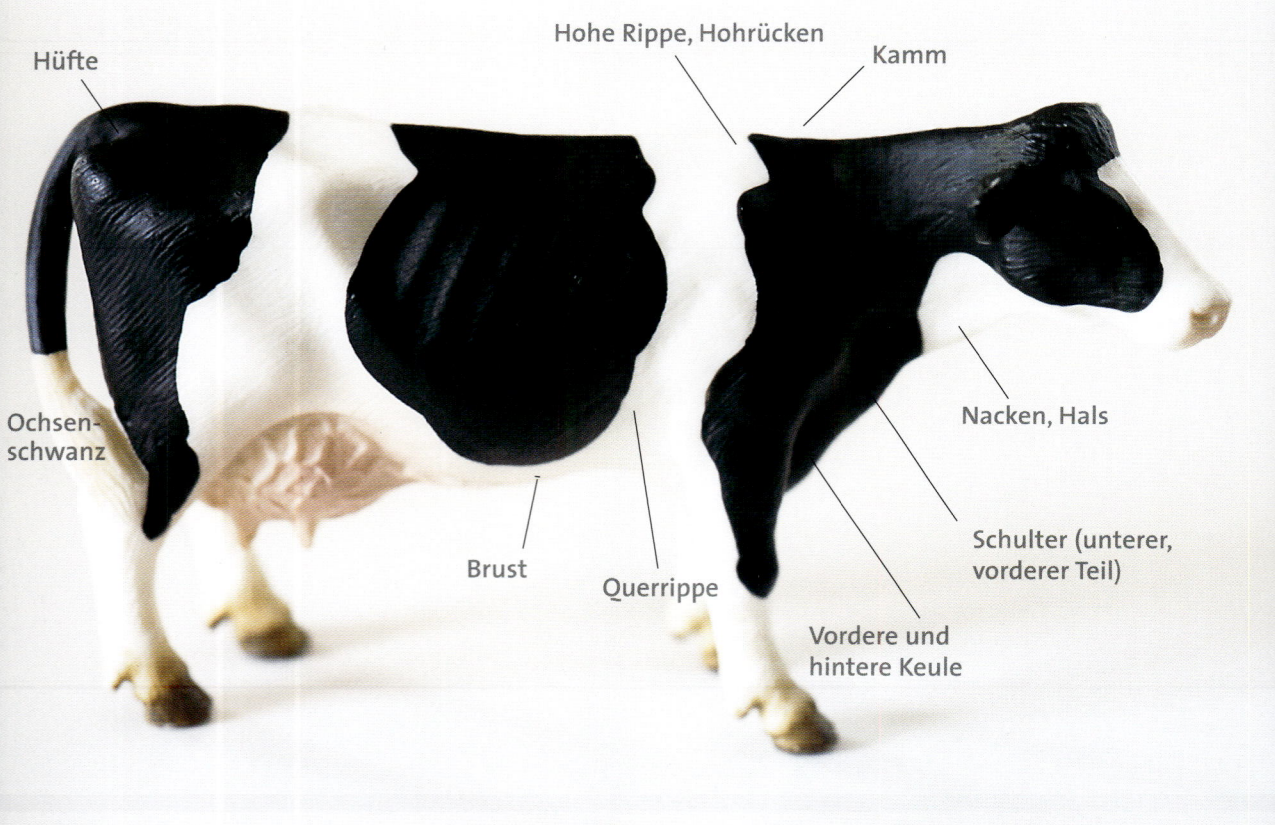

Hüfte

Hohe Rippe, Hohrücken

Kamm

Ochsen-
schwanz

Nacken, Hals

Brust

Querrippe

Schulter (unterer,
vorderer Teil)

Vordere und
hintere Keule

Lamm

Zum Schmoren oder Kochen eignet sich
Fleisch aus:
Schulter
Keule
Brust
Nacken, Hals

Zum Braten bei niedriger Backofentemperatur
eignet sich Fleisch aus:
Keule und Haxe
Schulter

Schwein

Zum Schmoren oder Kochen eignet sich
Fleisch aus:
Schinken
Hinter- und Vorderkeule (Haxe oder Eisbein)
Brust (Dicke Rippe)
Spareribs
Schulter

Zum Braten bei niedriger Backofentemperatur
eignet sich Fleisch aus:
Brust
Schulter

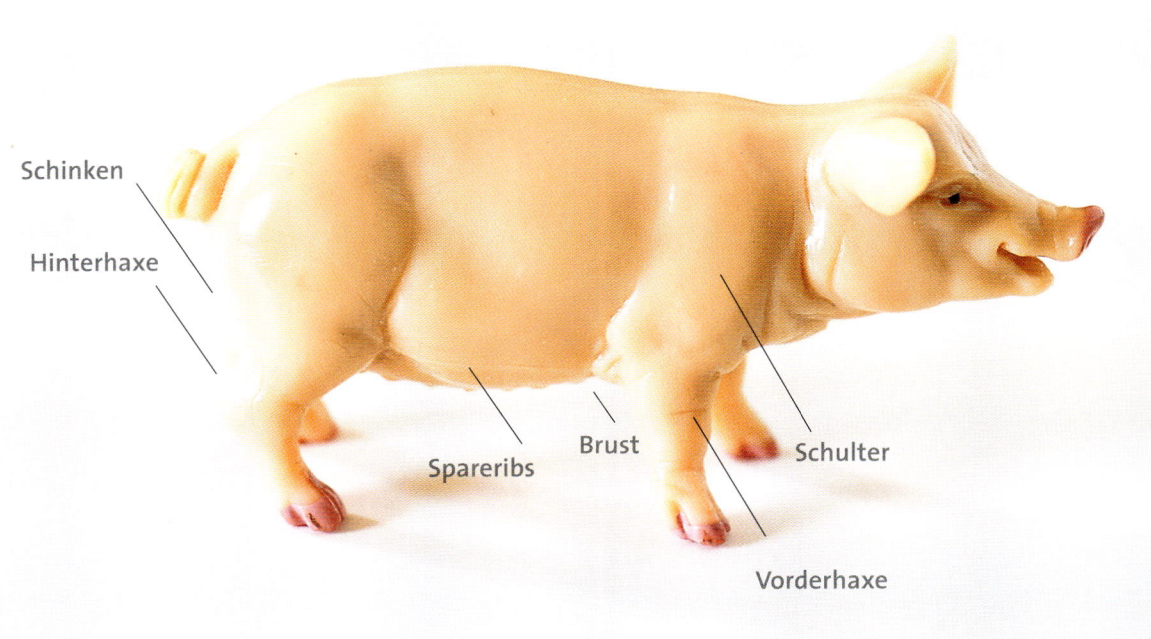

Schinken

Hinterhaxe

Spareribs

Brust

Schulter

Vorderhaxe

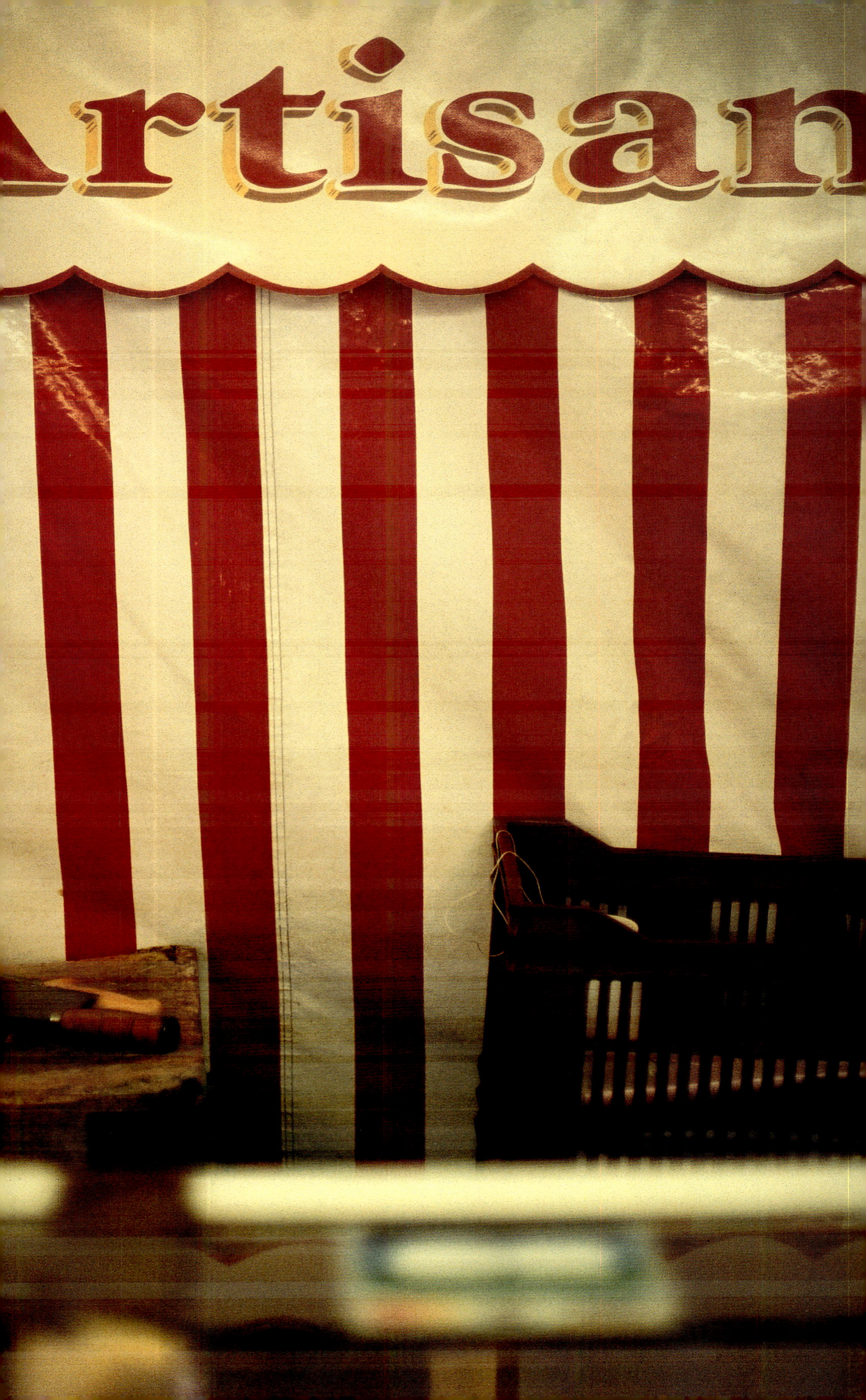
rtisan

Ich lebe zwar in Frankreich. Doch »Fleisch«, das eindeutig als Körperteil eines Tieres erkennbar ist, meide ich wie die Pest. Und nach wie vor frage ich mich, wie es jemand fertig bringen kann, Kalbsfüße, Lammhirn oder Schweinsohren zuzubereiten.

Was Ochsenschwanz, Rinder- oder Kalbsbacken angeht, so muss man beim Einkauf seinem Metzger blind vertrauen können. So wie ich: Meine Beziehung zu Didier ist völlig ungetrübt. Hinzu kommt, dass ich das etwas morbide Privileg besitze, jeden Morgen meine künftigen Pot-au-feus und Bourguignon-Stücke begrüßen zu dürfen, die auf einem Feld ganz in meiner Nähe weiden. Sie antworten mir, indem sie ganz behäbig die für das nachstehende Rezept so wichtige Zutat bewegen …

Pot-au-feu vom Ochsenschwanz

Für 6–8 Personen
Zubereitungszeit: 20 Minuten
Garzeit: 2 1/2–3 Stunden

3 Karotten
2 weiße Rübchen
1 Stange Sellerie
3 Stangen Lauch
Thymian, Lorbeer, Petersilie
1 mit 4 Gewürznelken gespickte Zwiebel
Salz und Pfeffer
1,5 kg Ochsenschwanz, in Stücke geschnitten und geschnürt

Zum Servieren:
bestes grobes Meersalz
Senf

Das Gemüse schälen und mit Kräutern, Zwiebel, Salz und Pfeffer in einen Schmortopf geben. Nicht zu kräftig würzen, da die Flüssigkeit stark einkocht. Zu einem Drittel mit Wasser auffüllen. Zum Kochen bringen und das Fleisch dazugeben. Das Fleisch bei kleiner Hitze in 2 1/2–3 Stunden sanft gar ziehen lassen, dabei die Flüssigkeit gelegentlich abschäumen. Falls nötig etwas Wasser dazugießen. Die Bouillon mit Salz und Pfeffer abschmecken, durch ein feines Sieb gießen und nach Belieben separat servieren. Das Fleisch mit dem Gemüse anrichten und mit bestem grobem Meersalz und Senf servieren.

Boeuf *nicht* à la mode

Mit angesagtem »world food« hat dieser Klassiker nichts gemein. Seine Zubereitung ist einfach, seine (Wieder-)Entdeckung ein Vergnügen.

Für 6–8 Personen
Zubereitungszeit: 25 Minuten
Garzeit: 3 Stunden

2 EL Olivenöl
1,5 kg Rindfleisch (Schulterstück mit Hals)
1,5 kg Karotten, in Scheiben geschnitten
4 Zwiebeln, in Stücke geschnitten
Thymian, Lorbeer
300 ml Weißwein
Salz und Pfeffer

Das Öl in einem Schmortopf erhitzen und das Fleisch darin rundum anbraten. Das Gemüse dazugeben und einige Minuten mitbraten. Die Kräuter hinzufügen, den Wein dazugießen und mit Wasser auffüllen, bis das Fleisch zur Hälfte mit Wasser bedeckt ist. Salzen und pfeffern – allerdings nicht zu kräftig, da die Flüssigkeit stark einkocht –, aufkochen lassen und anschließend bei kleiner Hitze etwa 3 Stunden schmoren.

Pochierte Schweinshaxe

Für 6 Personen
Zubereitungszeit: 10 Minuten
Garzeit: 2–3 Stunden

3 Schweinshaxen
2 Karotten, in Scheiben geschnitten
1 mit Nelken gespickte Zwiebel
1 Stange Sellerie, in Stücke geschnitten
1 Kräutersträußchen (Lorbeer, Petersilie, Thymian)
5 schwarze Pfefferkörner
Schale von 1 Zitrone
500 ml Weißwein
Salz

Alle Zutaten in einen großen Topf geben und zum
Kochen bringen. Abschäumen und das Fleisch
zugedeckt in 2–3 Stunden bei niedriger Hitze
sanft gar ziehen lassen. Falls nötig ein wenig
Wein oder Wasser hinzufügen.
Heiß servieren, am besten mit Apfelkompott,
Kartoffelpüree, Erbsen und Cumberlandsauce.

Cumberlandsauce
Zubereitungszeit: 5 Minuten
Garzeit: 10 Minuten
Kühlzeit: 2 Stunden

2 Orangen
2 Zitronen
2 Schalotten, fein gehackt
1 EL Senf
1 Glas Johannisbeergelee
125 ml Portwein
2 TL Speisestärke

Die Schale von 1 Orange und 1 Zitrone abreiben.
Alle Früchte auspressen. Den Saft mit den gehackten Schalotten, dem Senf und dem Johannisbeergelee in einen Topf geben. Aufkochen und
5 Minuten kochen lassen, dann den Portwein
dazugießen.
Die Speisestärke mit 1 Esslöffel Wasser glatt rühren und in die Sauce gießen. 5 Minuten unter
häufigem Rühren kochen. Zum Schluss die abgeriebene Zitrusschale hinzufügen und die Sauce
vor dem Servieren vollständig auskühlen lassen.

Langsam gegarte Schweinsbrust mit Honig

Ein deftiges, üppiges Gericht. Obwohl es beim Garen fettärmer wird, sollte man es besser ohne Vorspeise servieren und danach ein besonders leichtes Dessert reichen.

Für 6 Personen
Zubereitungszeit: 10 Minuten
Garzeit: 3 Stunden

1,5 kg Schweinsbrust
Salz und Pfeffer
3 oder 4 Gewürznelken (nach Belieben)
1 EL Olivenöl
3 EL Honig

Den Ofen auf 180 °C vorheizen.
Falls nicht der Metzger es bereits getan hat, die Schwarte der Schweinsbrust mit einem scharfen Messer wie auf dem Foto einschneiden.
Die Schwarte mit Salz und Pfeffer einreiben, dabei die Gewürze auch in die Einschnitte drücken.
Die Nelken durch Einschnitte in das Fleisch stecken. Die Schweinsbrust mit Olivenöl beträufeln, in einen Bräter legen, in den Ofen schieben und 1 1/2 Stunden garen. Mit Garflüssigkeit begießen.
Die Schweinsbrust 1 weitere Stunde garen, dabei zwei- bis dreimal mit Garflüssigkeit begießen. Herausnehmen und die Ofentemperatur erhöhen.
Die Schwarte mit Honig bestreichen.
Die Schweinsbrust 30 Minuten braten und das Fleisch dabei noch zweimal begießen.
Die Schweinsbrust aus dem Ofen nehmen und 10 Minuten ruhen lassen. Nach Geschmack nachwürzen und mit Kartoffel-Erbsen-Püree mit Speck (siehe Seite 144) servieren.

Seltsam: Zurzeit hat jeder Lust auf langsam gegartes, aromatisches Fleisch, das auf der Zunge geradezu schmilzt. Die Lösung? Reiben Sie das Fleisch vor dem Garen mit Olivenöl und Gewürzen ein,
reduzieren Sie die Backofentemperatur, und lassen Sie sich Zeit. Am besten geeignet für diese Behandlung sind Schweinefleisch (Brust, Bratenstück aus der Schulter oder Koteletts) und Lammfleisch
(Keule oder Schulter). Sobald Sie sich mit dieser Garmethode angefreundet haben, verwenden Sie
ruhig auch mal andere Kräuter, Gemüse, Weine und Gewürze. So kreieren Sie Ihre eigenen Rezepte.

Sanft gegarte Lammkeule

Das Zubereiten einer Lammkeule ist unkompliziert: Sie eignet sich für schnelles Garen bei
sehr hoher Temperatur, aber auch für längeres
Verweilen im weniger heißen Ofen (wobei sich in
der Küche ein himmlischer Duft verbreitet …).

Für 8–10 Personen
Zubereitungszeit: 5 Minuten
Garzeit: etwa 4 Stunden

1 Lammkeule von 1,5–2 kg
4–5 EL Olivenöl
4 zerdrückte Knoblauchzehen
Salz und Pfeffer
sehr fein gehackter Thymian und Rosmarin

Den Backofen auf 130 °C vorheizen.
Das Fleisch mindestens 30 Minuten vor dem
Garen aus dem Kühlschrank nehmen. Aus den
übrigen Zutaten eine Paste zubereiten und die
Lammkeule damit rundum einreiben. Wer mag,
macht außerdem Einschnitte in das Fleisch und
drückt Knoblauch hinein.
Die Lammkeule auf einem Gitter über einem
Bräter im Ofen etwa 4 Stunden garen (ein grö-
ßeres Stück entsprechend länger), dabei häufig
mit Garflüssigkeit begießen. Falls nötig, etwas
Wasser, Brühe oder Rotwein in den Bräter geben.
Zur Keule geröstetes Gemüse (siehe Seite 136),
eine Ratatouille oder geschmorte Auberginen
(beides siehe Seite 142) reichen.

Sieben-Stunden-Lammkeule oder Lamm zum Löffeln

Bei dieser Garmethode bleibt das Fleisch saftig
und wird butterweich.

Zubereitungszeit: 20 Minuten
Garzeit: 7 Stunden

1 Lammkeule von etwa 2 kg
3 Karotten
2 Stangen Sellerie
3 Zwiebeln
5 Knoblauchzehen
Salz und Pfeffer
1 Kräutersträußchen (Petersilie, Lorbeer, Thymian)
750 ml Weißwein
Olivenöl oder Gänseschmalz

Den Backofen auf 120 °C vorheizen.
Das Fleisch mindestens 30 Minuten vor dem
Garen aus dem Kühlschrank nehmen.
Das Öl oder das Gänseschmalz in einem Schmortopf auf dem Herd erhitzen und die Lammkeule
darin rundum anbraten. Das Gemüse in Stücke
schneiden und hinzufügen. Ein paar Minuten
mitbraten, dann den Wein und 250 ml Wasser
dazugießen. Aufkochen lassen, mit wenig Salz
und Pfeffer würzen. Den Topf schließen und in
den Backofen stellen.
Die Lammkeule etwa 7 Stunden garen, dabei
gelegentlich wenden.

Langsam gegarter Schweinebraten

Hier wird dem Braten die gleiche Behandlung zuteil wie der sanft gegarten Lammkeule. Einziger Unterschied: Das Fleisch wird bei sehr hoher Temperatur fertig gebraten, damit die Kruste schön knusprig wird. Sie können den Braten auch bei 120°C garen und ihn 10 Minuten vor dem Servieren unter den heißen Grill stellen. Das Ergebnis ist in etwa gleich.

Für 8–10 Personen
Zubereitungszeit: 5 Minuten
Garzeit: 3 Stunden

1 Schweinerollbraten von 1–1,5 kg (Schweineschulter oder in Schwarte gewickeltes Kotelettstück ohne Knochen)
3 Knoblauchzehen
2 EL Rosmarin, sehr fein gehackt
1 TL schwarzer Pfeffer
1 EL Salz
3–4 EL Olivenöl

Den Backofen auf 120°C vorheizen.
Die Schwarte des Rollbratens mit einem sehr scharfen Messer gleichmäßig einschneiden. Knoblauch, Rosmarin, Salz, Pfeffer und Olivenöl im Blitzhacker (Cutter) zu einer Paste verarbeiten. Mit den Händen den Braten mit der Paste einreiben, dabei die Gewürze auch in die Einschnitte der Schwarte drücken. Das Fleisch auf den Gitterrost des Backofens legen und etwa 3 Stunden garen, dabei gelegentlich wenden und mit Garflüssigkeit begießen. Überschüssiges Fett falls nötig abgießen. 30 Minuten vor Ende der Garzeit den Braten aus dem Ofen nehmen, die Backofentemperatur auf 220°C erhöhen und das Fleisch erneut in den Ofen schieben. Die Schwarte überbacken, bis sie knusprig ist.

Marinierte und gebratene Spareribs mit Hoisin-Sauce

Dieses Gericht kommt bei Erwachsenen genauso gut an wie bei Kindern. Gegessen werden die Rippchen aus der Hand.

Für 6 Personen
Zubereitungszeit: 20 Minuten
Marinieren: 4–5 Stunden
Garzeit: 2 Stunden

1,5 kg Spareribs

Für die Marinade:
2 Schalotten, fein gehackt
1 Knoblauchzehe
3 EL Reisweinessig
5 EL Hoisin-Sauce (chinesische Barbecue-Sauce, gibt es im gut sortierten Supermarkt und im Asienladen)
4 EL Wasser
1 EL Sojasauce
weißer Pfeffer
½ rote Paprikaschote, fein gehackt (nach Belieben)

Die Marinade direkt im Bräter zubereiten. Die Spareribs rundum mit der Marinade bestreichen, den Bräter mit Folie verschließen und das Fleisch an einem kühlen Ort 4–5 Stunden durchziehen lassen. Gelegentlich wenden.
Den Backofen auf 140 °C vorheizen.
Die Spareribs im Backofen 2–2 ½ Stunden garen, dabei hin und wieder – wenn es einem gerade einfällt – umdrehen.
Die Spareribs mit Reis und Mengen von Papierservietten servieren.

Die echte Bologneser Sauce

Für 4–6 Personen
Zubereitungszeit: 15 Minuten
Garzeit: 1 1/2 Stunden

500 g Rinderhack
150 g ungeräucherter durchwachsener Speck,
in dünne Streifen geschnitten
2 Zwiebeln, fein gehackt
2 Karotten, in Scheiben geschnitten
2 Stangen Sellerie, in Stücke geschnitten
1 Knoblauchzehe
20 g Butter
225 g passierte Tomaten
1 Dose geschälte Tomaten (400 g)
100 ml Rotwein
100 ml Rinderbrühe
Salz und Pfeffer

Speckstreifen, Zwiebeln, Karotten, Sellerie und
Knoblauch in der Butter anbraten.
Sobald das Gemüse etwas Farbe angenommen
hat, die Hitze erhöhen und das Fleisch nach und
nach darin anbraten. Dann passierte Tomaten,
Dosentomaten, Wein und Brühe hinzufügen und
die Sauce etwa 1 Stunde köcheln lassen, bis sie
gut eingedickt ist. Falls nötig etwas Brühe zugeben, damit die Sauce nicht zu trocken wird.
Die Sauce mit Salz und Pfeffer abschmecken und
zu frischer Pasta servieren. Geriebenen Parmesan
zum Bestreuen dazu reichen.

Überbackene Lasagne

Unvorstellbar ohne die echte Bologneser Sauce.
Lasagne-Blätter in Salzwasser nach Packungs-
anleitung garen. Lasagne-Blätter und Bologneser
Sauce abwechselnd in eine Auflaufform schichten, dazwischen dünne Mozzarella-Scheiben
geben. Auf die letzte Schicht Parmesan reiben
und die Lasagne im Ofen 15 Minuten bei 180 °C
überbacken.

Lucys extrascharfes Chili

Das Familienessen schlechthin. Wenn Ihnen scharfe Gerichte unheimlich sind, sollten Sie mit dem Chilipulver vorsichtig umgehen …

Für 8 Personen
Zubereitungszeit: 15 Minuten
Garzeit: 2 Stunden

2 Zucchini, grob geschnitten
2 große rote Paprikaschoten, grob geschnitten
1 gelbe Paprikaschote, grob geschnitten
5 EL Olivenöl
2 Zwiebeln, gehackt
2 Karotten, in Stücke geschnitten
1 EL Kreuzkümmel
1 EL Oregano
4 Knoblauchzehen, gehackt
1,5 kg Rinderhack
1 l Rinderbrühe
1 kleine Dose Tomatenmark
1 Dose Tomaten in Stücken
½ TL Cayennepfeffer
2 EL gutes Chilipulver
1 EL Zucker
1 TL Salz
2 EL Pfeffer
1 große Dose rote Bohnen
Crème fraîche
gehackte Petersilie

Zucchini und Paprika in 2 Esslöffel Olivenöl anbraten. Beiseite stellen. 3 Esslöffel Olivenöl in einem großen Topf erhitzen. Zwiebeln, Karotten, Kreuzkümmel, Oregano und Knoblauch hineingeben und bei mittlerer Hitze 5 Minuten dünsten. Das Hackfleisch zugeben und bei starker Hitze anbraten. Achtung: Das Fleisch soll braten und bräunen, deshalb am besten portionsweise in den Topf geben.
Brühe, Tomatenmark, Dosentomaten, Cayennepfeffer, Chilipulver, Zucker, Salz und Pfeffer hinzufügen. Alles etwa 1 Stunde bei kleiner Hitze köcheln lassen.
Wenn das Chili eingedickt ist, das angebratene Gemüse, die roten Bohnen und die Petersilie dazugeben und das Ganze weitere 10 Minuten zugedeckt köcheln lassen.
Kurz vor dem Servieren 1 Esslöffel Crème fraîche unterrühren. Das Chili mit heißen Tortillas, Crème fraîche, Salat und geriebenem Cheddar servieren.
Übrigens: Zucchini und Paprikaschoten kann man auch weglassen – doch Lucys Chili ist es dann nicht mehr!

Rabbit in the dairy (Kaninchen, in Milch geschmort)

Blass, zart und nicht sehr präsentabel, weil die Milch gerinnt. Doch der sehr feine Geschmack des Kaninchenfleischs wird hier nicht durch zu kräftige Gewürze überdeckt.

Für 6 Personen
Zubereitungszeit: 10 Minuten
Garzeit: 2 Stunden

1 Stange Lauch (nur der weiße Teil), fein gehackt
3–4 Stangen Sellerie, fein gehackt
30 g ungeräucherter durchwachsener Speck,
in dünne Streifen geschnitten
1 Kaninchen, in Stücke zerlegt
Salz und Pfeffer
2 Lorbeerblätter
500 ml Vollmilch

Den Backofen auf 180 °C vorheizen.
Gemüse und Speckstreifen auf den Boden eines Schmortopfs legen. Die Kaninchenstücke darauf legen und Salz (nur wenig, wenn der Speck sehr salzig ist), Pfeffer und Lorbeerblätter dazugeben. Die Milch aufkochen und über das Kaninchen gießen. Das Fleisch im heißen Ofen zugedeckt etwa 2 Stunden garen.

Nanies Rillettes

Überlassen Sie das Zuschneiden des Fleischs
am besten Ihrem Metzger. Wenn Sie sich selbst
damit vergnügen, besteht das Risiko, dass sie
die Lust am Kochen verlieren, bevor Sie über-
haupt damit begonnen haben.

Zubereitungszeit: 5 Minuten
Garzeit: 3–4 Stunden

500 g Schweinsbrust ohne Schwarten und Knochen,
in Stücke geschnitten
500 g Schweineschulter, ohne Knochen und
Schwarte, in Stücke geschnitten
1 mit 3 Gewürznelken gespickte Zwiebel
Salz und Pfeffer

Das Fleisch und die Zwiebel in einen Schmortopf
geben und bei sehr kleiner Hitze 3–4 Stunden
köcheln lassen, ohne dass das Fleisch dabei Farbe
annimmt. Sobald das Fleisch sehr weich ist, das
Fett entfernen und beiseite stellen.
Das Fleisch mit einer Gabel zerpflücken (nicht im
Mixer zerkleinern, darin wird es kleistrig und zu
fein!). Nach Geschmack mit Salz und Pfeffer würzen.
Das Fleisch in Schraubdeckelgläser füllen und
vollständig auskühlen lassen.
Das Fett bei niedriger Hitze schmelzen und auf
die Gläser verteilen. Die Gläser verschließen und
an einem kühlen, trockenen Ort aufbewahren.
Mit Cornichons oder süßsauren Kirschen (siehe
Seite 178) servieren.

Coq au vin
mit sehr gutem Wein

Ich wollte es ja nicht glauben. Doch durch guten Wein wird dieses legendäre Gericht tatsächlich noch besser. Geben Sie einem Burgunder den Vorzug, es gibt nichts Besseres. Und sagen Sie meinem Mann bitte nicht, dass sein 1990er Pommard in einem meiner Töpfe das Zeitliche segnete …

Für 5–6 Personen
Zubereitungszeit: 10 Minuten
Garzeit: 3 Stunden

2 kg Huhn, in Stücke zerlegt
150 g ungeräucherter durchwachsener Speck, in dünne Streifen geschnitten
2 Knoblauchzehen
20 kleine Zwiebeln (vorzugsweise Grelot)
Butter (50 g zum Anbraten plus 75 g für die Champignons)
2 EL Mehl
½ Glas Armagnac
1 l Burgunderwein
1 Kräutersträußchen (Petersilie, Lorbeer, Thymian)
Salz und Pfeffer
200 g kleine Champignons

Für die Croûtons:
kleine Scheiben Baguette
geriebener Gruyère

Die Hühnerstücke, den Speck, den Knoblauch und die Zwiebeln in 50 g Butter anbraten. Das Mehl dazugeben und ein paar Minuten unter häufigem Rühren anschwitzen.
Den Armagnac dazugießen und anzünden (Vorsicht, die Wimpern!). Den Wein angießen und das Kräutersträußchen hinzufügen. Alles leicht salzen und pfeffern, aufkochen und etwa 3 Stunden bei kleiner Hitze köcheln lassen.
20 Minuten vor Ende der Garzeit die Champignons in der übrigen Butter (75 g) anschwitzen und anschließend zum Huhn geben.
Die Baguettescheiben mit dem geriebenen Käse bestreuen und im Backofen rösten. Die Croûtons zum Coq au vin servieren.

Tea-Time

Wie man Tee richtig zubereitet

Ein Geständnis vorweg: Ich sag Ihnen hier zwar, wie's geht, halte mich aber selbst nicht daran. Mir fehlt einfach die Geduld abzuwarten, bis der Tee endlich fertig ist. Nachdem sich einige Gäste beschwert haben, unternahm ich ein paar Recherchen. Hier sind die Ergebnisse.

Zuerst wird die Teekanne angewärmt. Dazu kochendes Wasser hineingießen, den Deckel auflegen, die Kanne ein paar Mal hin- und herschwenken und das Wasser wieder ausgießen. Während das Wasser erneut aufkocht, Teeblätter oder -beutel (1 Beutel pro Person) in die Teekanne geben.
Den Tee mit dem kochenden Wasser aufgießen und zugedeckt ziehen lassen:
• Assam, Earl Grey, Lapsang Souchong und Darjeeling sollten 3 bis 5 Minuten lang ziehen.
• Oolong braucht 5 bis 7 Minuten.
• Grüner Tee ist schon nach 1 bis 2 Minuten fertig.
Die Kanne nicht in die Spülmaschine geben, sondern immer nur mit heißem Wasser ausspülen.
So bleibt der Tanninfilm intakt, der dem Tee einen charakteristischen Geschmack verleiht.
Nach Möglichkeit losen Tee verwenden, der meist aromatischer ist als Beuteltee. Der Inhalt eines angebrochenen Päckchens hält sich, luftdicht verpackt, bis zu acht Monate.

Eistee

Tee zubereiten, süßen und kalt stellen. Orangen-, Zitronen- oder Pfirsichsaft sowie in Würfel oder Scheiben geschnittenes Obst hinzufügen. Ein paar Minzeblättchen verleihen dem Ganzen ein köstliches Aroma.

Tee-Kuchen mit Rosinen

Für 6–8 Personen
Zubereitungszeit: 30 Minuten
Backzeit: 1 ½ Stunden
Einweichzeit: über Nacht

225 g Sultaninen
225 g Korinthen
375 ml heißer Tee
1 Ei
1 TL Quatre Epice (oder eine selbst zusammengestellte Mischung aus Muskatnuss, Zimt, Ingwer und Gewürznelken)
1 Päckchen Backpulver
225 g Rohrohrzucker
450 g Weizenmehl, gesiebt

Am Vorabend die Sultaninen und die Korinthen mit heißem Tee übergießen und über Nacht ziehen lassen. Am nächsten Morgen den Backofen auf 170 °C vorheizen. Inzwischen das Ei schaumig schlagen und mit Viergewürzpulver, Backpulver, Rohrohrzucker, Mehl, Tee und Sultaninen mischen. Eine Kastenform von 18 cm Länge mit Butter ausfetten und den Teig hineingeben. 1 ½ Stunden backen, anschließend aus dem Ofen nehmen und 5 Minuten abkühlen lassen. Aus der Form auf ein Kuchengitter stürzen.

TIPP • Diesen Kuchen warm oder getoastet mit gesalzener Butter servieren.

Eischwerkuchen oder Quatre Quarts

Kleine Nachhilfe in Küchenmathematik:
1 Eischwer bedeutet »Gewicht von 1 Ei«. Legen
Sie alle Eier auf einmal auf die Waage, dann
brauchen Sie nicht zu rechnen.

Zubereitungszeit: 10 Minuten
Backzeit: 50 Minuten

4 Eischwer Butter plus etwas Butter für die Form
4 Eischwer Zucker
4 Eier
4 Eischwer Mehl
½ Päckchen Backpulver

Den Backofen auf 180°C vorheizen.
Eine Form (20 cm Durchmesser) ausbuttern.
Butter mit Zucker schaumig schlagen. Nach-
einander die Eier und das mit dem Backpulver
gemischte Mehl unter ständigem Rühren hinzufügen. Den Teig in die gebutterte Form geben
und 45–50 Minuten backen.
Den Kuchen ein paar Minuten abkühlen lassen,
dann aus der Form nehmen und auf einem
Kuchengitter erkalten lassen.

Joghurtkuchen

Ein ideales Rezept für Kinder, die sich mit
Maßen und Gewichten noch nicht auskennen.

Für 2 große und 4 kleine Bäcker
Zubereitungszeit: 15 Minuten
Backzeit: 35 Minuten

1 Becher Joghurt
2 Becher Zucker
3 Eier
2 Becher Mehl
1 Becher gemahlene Mandeln
1 Päckchen Backpulver
1 Becher Crème fraîche
etwas Butter für die Form

Den Backofen auf 180°C vorheizen.
Eine Form buttern. Den Joghurt in eine Rührschüssel geben. Den Joghurtbecher ausspülen
und als Messbecher für die anderen Zutaten verwenden. Zunächst den Zucker abmessen und mit
den Eiern zum Joghurt geben. Schlagen, bis die
Masse hell und schaumig ist. Mehl, Mandeln,
Backpulver und Crème fraîche unterrühren. Den
Teig in die Form geben und 35 Minuten backen.

Madeleines

Ergibt etwa 24 Stück
Zubereitungszeit: 10 Minuten
Backzeit: 30 Minuten

3 Eier
150 g Zucker
80 g gesalzene Butter, geschmolzen
abgeriebene Schale von 1 unbehandelten Orange
150 g Mehl
½ TL Backpulver

Eier und Zucker schaumig schlagen. Butter, Orangenschale, Mehl und Backpulver hinzufügen und
alles gut mischen.
Eine Madeleineform (wenn möglich aus Silikon)
auf ein Backblech stellen und jede Vertiefung zu
zwei Dritteln mit Teig füllen. Etwa 10 Minuten
backen. Mit dem übrigen Teig ebenso verfahren.
Die Madeleines probieren, solange sie warm sind.

Zitronenkuchen

Für 6–8 Personen
Zubereitungszeit: 15 Minuten
Backzeit: 45 Minuten

50 g weiche Butter
1½ TL Zucker
2 Eier
125 ml Milch
150 g Mehl
1 Päckchen Backpulver
Saft und abgeriebene Schale von
1 unbehandelten Zitrone

Den Backofen auf 170°C vorheizen. Butter und
Zucker schlagen, bis eine weiße, schaumige
Masse entsteht. Die Eier und die Milch in einer
separaten Schüssel verquirlen. Das mit dem
Backpulver vermischte Mehl und die Eier-Milch-
Mischung abwechselnd löffelweise unter die
Buttercreme rühren. Die Zitronenschale hinzu-
fügen. Eine Kastenform (22 cm lang) ausfetten,
den Teig hineingeben und 45 Minuten backen.
Den Kuchen aus dem Ofen nehmen und noch
heiß mit dem zuvor gezuckerten Zitronensaft
tränken. In der Form abkühlen lassen.

Kuchen mit pürierten Clementinen und Orangen

Ein wunderbar saftiger Kuchen, der ganz ohne Mehl auskommt und herrlich duftet. Sie können ihn zum Tee reichen oder mit einem gut gekühlten Orangensalat als Dessert servieren.

Zubereitungszeit: 2 Stunden zum Garen der Orangen (das kann, wer mag, schon am Vortag erledigen); 5 Minuten, um den Teig herzustellen
Backzeit: 1 Stunde

Butter für die Form
2 (Bio-)Clementinen und 1 (Bio-)Orange
oder nur 2 (Bio-)Orangen
Saft und abgeriebene Schale von 1 unbehandelten Zitrone
6 Eier
1 TL Orangenblütenwasser, nach Belieben
1 TL Backpulver
250 g Zucker
250 g gemahlene Mandeln
5 oder 6 Rohrzuckerwürfel, grob zerdrückt

Den Backofen auf 190 °C vorheizen.
Eine Backform (24 cm Durchmesser) mit Butter ausfetten.
Die Clementinen und die Orange (oder die beiden Orangen) in Wasser etwa 2 Stunden lang bei kleiner Hitze köcheln lassen. Vollständig abkühlen lassen und anschließend so, wie sie sind, mit Schale und allem, im Mixer pürieren.
Die Eier in einer Schüssel mit einer Gabel verquirlen. Die Orangen, das Orangenblütenwasser (falls gewünscht), das Backpulver, den Zucker und die gemahlenen Mandeln hinzufügen. Alles mit einem Kochlöffel gut verrühren. Den Teig in die Form geben und etwa 1 Stunde backen.
Den Kuchen aus dem Ofen nehmen und ein paar Minuten abkühlen lassen. Die zerdrückten Zuckerwürfel mit Zitronensaft und -schale vermischen. Die Mischung (sie bildet später eine köstliche Kruste) mit einem Löffel auf dem Kuchen verteilen und das Ganze vollständig abkühlen lassen.

»Gekochter« Kuchen

Ein geniales Rezept: Erst wird gekocht und
dann gebacken.

Für 6–8 Personen
Zubereitungszeit: 30 Minuten
Backzeit: 1 ½ Stunden

225 ml Wasser
110 g gesalzene Butter sowie Butter für die Form
200 g Rohrohrzucker
150 g Korinthen
150 g Sultaninen
2 TL Viergewürzpulver (oder eine selbst zusammengestellte Mischung aus Muskatnuss, Zimt, Ingwer
und Gewürznelken)
230 g Weizenmehl
1 TL Backpulver
1 Ei, mit der Gabel verquirlt

Den Backofen auf 180 °C vorheizen.
Eine Kastenform ausfetten (falls Sie noch keine
Silikonform besitzen).
Alle Zutaten außer Mehl, Backpulver und Ei in
eine Kasserolle geben und langsam erhitzen. Bei
kleiner Hitze 20 Minuten köcheln lassen. Vom
Herd nehmen und vollständig erkalten lassen.
Danach Mehl, Backpulver und Ei hinzufügen
und gründlich untermischen. Den Teig in die Form
geben und 1 ½ Stunden backen. In der Form
auskühlen lassen.

Christmas Cake

Das Rezept für den angelsächsischen Weihnachtskuchen wird von der Mutter an die Tochter weiter-gegeben. Dieses hier stammt von meiner Großmutter mütterlicherseits.

Selbst wenn Sie den Kuchen nicht exakt zu Weihnachten servieren möchten, sollten Sie ihn lange vorher backen, damit er richtig reifen und sein volles Aroma entwickeln kann. Es soll ja Leute geben, die sich gegen Ende des Sommers an die Zubereitung machen und das Gebäck bis Weihnachten in einer geschlossenen Blechdose aufbewahren – mit einem Apfel, der es saftig hält. Machen Sie's doch ebenso: Dann haben Sie immer etwas Köstliches für unerwarteten Kaffeebesuch zur Hand.

Für viele Leute, für lange Zeit
Zubereitungszeit: 25 Minuten
Backzeit: 3 Stunden

225 g weiche Butter
225 g brauner Zucker
4–5 Eier
225 g Mehl
50 g gemahlene Mandeln
110 g kandierte Kirschen
450 g Korinthen
225 g Rosinen
110 g gemischte kandierte Früchte
½ TL Viergewürzpulver
½ TL gemahlenen Zimt
½ TL gemahlene Gewürznelken
½ TL gemahlenen Koriander
1 TL gemahlener Ingwer
1 kleines Gläschen Armagnac oder Cognac

Den Backofen auf 180 °C vorheizen.
Eine Springform (20 cm Durchmesser) mit zwei Lagen Backpapier auslegen.
Butter und Zucker hell und schaumig schlagen. Unter ständigem Rühren abwechselnd je ein Ei und etwas Mehl hinzufügen, bis Eier und Mehl ver-braucht sind. Mandeln, Früchte und Gewürze dazu-geben. Alles gut mischen und in die Form füllen. Den Kuchen etwa 3 Stunden backen. Hin und wie-der kontrollieren, dass der Kuchen nicht schwarz wird und weich bleibt, wenn man darauf drückt. Den Kuchen aus dem Ofen nehmen und 1–2 Minu-ten abkühlen lassen. Den Kuchen in der Form lassen, hier und da mit einem Holzstäbchen ein-stechen und mit dem Alkohol beträufeln, der auf diese Weise richtig einziehen kann. Wenn er komplett ausgekühlt ist, den Kuchen aus der Form nehmen, sorgfältig in Backpapier einschla-gen und in einer luftdicht verschlossenen Blech-dose aufbewahren. Eine Woche vor dem An-schneiden wird der Kuchen traditionell mit einer Schicht aus Mandelpaste und einer Zuckerglasur verziert. Doch außerhalb Großbritanniens verzich-tet man auch schon mal darauf …

Mandelpaste
Zubereitungszeit: 20 Minuten

110 g feiner Zucker
110 g Puderzucker, gesiebt
225 g gemahlene Mandeln
3 Tropfen Vanilleextrakt
3 Tropfen Mandelextrakt
1 TL Sherry
1 ganzes Ei
1 Eigelb, verquirlt

Den feinen Zucker, den Puderzucker und die gemahlenen Mandeln mischen. Vanille- und Mandelextrakt sowie Sherry und Ei hinzufügen. Alles zu einer zähen Paste verrühren.
Nun eine glatte, kalte Fläche mit ein wenig Puder-zucker bestreuen und die Paste darauf wie einen Kuchenteig ausrollen, bis sie so groß ist wie die Oberfläche des Christmas Cake. Die Scheibe mit Eigelb bepinseln und mit der eingepinselten Seite nach unten auf den Christmas Cake legen. Die Mandelpaste fest andrücken und zum Schluss mit einem scharfen Messer glätten.

Zuckerglasur
Zubereitungszeit: 10 Minuten

350 g Puderzucker
2 Eiweiß, verquirlt (1 Eiweiß ist zu wenig, 2 sind zu viel, also nicht alles verwenden!)
1 EL Zitronensaft

Den Puderzucker sieben und den Zitronensaft sowie etwa zwei Drittel vom Eiweiß hinzufügen. Zu einer Glasur verrühren, die so zäh ist, dass sie auf dem Kuchen hält.
Die Glasur mit einem Spachtel auf dem Kuchen verstreichen und anschließend mit einer Gabel bearbeiten, so dass sie ein bisschen wie Schnee aussieht. Den Christmas Cake garnieren: mit Schneemännern, Stechpalmenblättern und allem, was man sonst noch an wunderbarem Weih-nachtskitsch auftreiben kann!

Genießen mit Freunden

Jedem normalen Menschen ist klar, dass es ohne Personal à la »Gosford Park« praktisch unmöglich ist, während der Woche Gäste bei sich daheim mit einem warmen Abendessen zu bewirten. Wer es dennoch tut, wird oft mit einem der folgenden Szenarien konfrontiert.

Völlig missglückt: Zu essen gibt es »leichte und schnelle« Gerichten wie lederzähen Braten oder zusammengefallene Mousse au chocolat.

Perfekt gelungen: Sie verbringen den ganzen Abend in der Küche, um die aufs Vortrefflichste gelungenen Speisen genau im rechten Moment schwungvoll zu präsentieren.

Aus dem Ärmel geschüttelt: Ihrer Kreativität sind keine Grenzen gesetzt. Doch ob Ihre Gäste von Ihren verrückten Einfällen wirklich begeistert sind?

Es gibt eine Menge Rezepte, nach denen man in weniger als einer Stunde ein warmes Abendessen zustande bringen kann, etwa Schwertfisch-Steak mit Wasabi-Mayonnaise, das in der Tat in fünf Minuten fertig gebraten ist. Das Problem ist nur: Wo bekommt man auf dem Heimweg von der Arbeit frischen Fisch, wenn man nicht neben einem Delikatessengeschäft wohnt?

Die Lösung? Alles im Voraus zubereiten. Doch Achtung: Nichts vergrätzt Gäste schneller als ein Gastgeber oder eine Gastgeberin, dessen/deren steinerne Mine signalisiert: »Zwei Tage hab ich für dieses verd… Essen geschuftet. Wehe, es schmeckt euch nicht!« Die Gerichte in diesem Kapitel gelingen am besten, wenn sie im Voraus zubereitet werden. Die Zutaten haben Sie in höchstens 30 Minuten zusammengerührt. Die Zeit, im Übrigen die wichtigste Zutat, besorgt dann den Rest.

Kalte Tomatensuppe mit Wodka

Vorbereiten, mixen – fertig.

Für 6 Personen
Zubereitungszeit: 25 Minuten
Mixen: 5 Minuten

2 große rote Paprika, halbiert und geputzt
1 kg sehr reife und süße Tomaten, gehäutet, entkernt und gehackt
1 Salatgurke, geschält, entkernt und gehackt
2 Knoblauchzehen, geschält und gehackt
6 EL Olivenöl, 2 EL Rotweinessig
etwa 10 Eiswürfel
300 ml passierte Tomaten (Konserve)
je 1 EL Basilikum und Schnittlauch, fein geschnitten
Saft von 2 Limetten
Worcestershiresauce
Wodka oder Tequila (nach Belieben)
Salz und Pfeffer

Paprika im Ofen oder über der Gasflamme grillen, bis ihre Haut schwarz ist. In eine Schüssel geben, mit Folie abdecken und 15 Minuten stehen lassen. Anschließend häuten, mit Tomaten, Gurken und Knoblauch in den Mixer geben und … mixen. Olivenöl, Essig, Eis und passierte Tomaten hinzufügen und erneut kurz mixen. Die Suppe in eine Servierschüssel gießen, Kräuter, Limettensaft, Salz, Pfeffer und Worcestershiresauce dazugeben. Nach Geschmack 1 oder 2 Spritzer Wodka oder Tequila hinzufügen. Die Suppe für mindestens 2 Stunden kalt stellen. Mit Croûtons und Salsa servieren.

Salsa
2 Schalotten, ½ rote Paprika und ½ Bund Petersilie fein hacken und mischen. Kurz vor dem Servieren die Suppe damit garnieren.

Melone mit Gurke

Ultrafrische Mischung für heiße Tage.

Für 6–8 Personen
Zubereitungszeit: 15 Minuten
Kühlzeit: 2 Stunden

Fruchtfleisch von 1 reifen Honigmelone
1 Salatgurke, geschält und entkernt

Beide Zutaten in der Küchenmaschine oder im Mixer mixen. Eiskalt servieren.

Erbsen-Minze-Suppe

Sie können die Suppe auch mit gefrorenen Erbsen zubereiten, aber frische sind noch besser.

Für 6 Personen
Zubereitungszeit: 20 Minuten (wenn frische Erbsen verwendet werden)
Garzeit: 15 Minuten
Kühlzeit: 3–4 Stunden

1 kg Erbsen
500 ml Wasser oder Geflügelbrühe
200 ml Rahm
8–10 frische Minzeblätter, in Stücke geschnitten
Salz und Pfeffer

Die Erbsen aus den Schoten lösen. Das Wasser oder die Brühe zum Kochen bringen und die Erbsen darin etwa 8 Minuten garen. Rahm und Minze zugeben und kurz ziehen lassen. Die Suppe im Mixer pürieren. Mit Salz und Pfeffer abschmecken und gleich servieren oder in 3–4 Stunden auskühlen lassen. Wird die Suppe kalt gegessen, sollte sie vor dem Servieren unbedingt noch einmal abgeschmeckt werden.

Brokkolisuppe mit Stilton

Für 6 Personen
Zubereitungszeit: 15 Minuten
Garzeit: 25–30 Minuten

50 g Butter
1 Karotte, in Scheiben geschnitten
1 kleine Stange Lauch (nur der weiße Teil), in Scheiben geschnitten
1 Stange Sellerie, in Stücke geschnitten
1 Zwiebel, in Stücke geschnitten
150 ml Gemüsebrühe oder Wasser
750 g Brokkoli, in Röschen geteilt
200 ml Rahm
150 g Stilton (oder Roquefort, Bleu d'Auvergne, Gorgonzola)
Salz und Pfeffer

Die Butter in einem Topf zerlassen und das Gemüse mit Ausnahme des Brokkolis anschwitzen. Die Brühe dazugießen und zum Kochen bringen. Den Brokkoli zugeben und die Suppe 15 Minuten kochen, bis der Brokkoli weich ist. Im Mixer pürieren, dann den Rahm dazugießen und die Suppe kurz zum Kochen bringen. Den Stilton zerbröckeln und zugeben. Mit Salz und Pfeffer abschmecken und servieren.

Maronensuppe mit Chorizo

Eine spanische Spezialität, die gut sättigt.
Nehmen Sie extrascharfe Wurst, wenn Sie's
gern feurig mögen.

Für 6–8 Personen
Zubereitungszeit: 10 Minuten
Gesamtkochzeit: 40 Minuten

3–4 EL Olivenöl
250 g Chorizo, in Scheiben geschnitten
3 Knoblauchzehen
2 Zwiebeln, fein gehackt
2 Karotten, geschält und in Scheiben geschnitten
1 Stange Sellerie, in Stäbchen geschnitten
1 EL Kreuzkümmel
1 Dose (400 g) gewürfelte Tomaten
1 große Dose (800 g) Maronen
1 gehäufte Messerspitze Safran, in 150 ml warmem
Wasser eingeweicht
Salz und Pfeffer

Das Öl in einem großen Topf erhitzen und die
Chorizo, den Knoblauch, die Zwiebeln, die Karotten und den Sellerie dazugeben. 15–20 Minuten
dünsten, bis die Zutaten karamellisieren.
Den Kreuzkümmel, die Tomaten und die Maronen
hinzufügen und ein paar Minuten köcheln lassen.
1,5 l Wasser und die Safranlösung dazugießen
und die Suppe zum Kochen bringen. Etwa 15 Minuten köcheln lassen, dann im Mixer fein pürieren. Abschmecken und, falls die Suppe zu dick
geworden ist, etwas Wasser dazugießen. Mit
gutem Landbrot servieren.

Die Klassiker meiner Freundinnen

Jeder von uns hat wohl ein Gericht, das selbst ohne Rezept immer gelingt, hervorragend schmeckt und für das alle schwärmen. Wie oft denkt man sich auf dem Weg zu den Soundsos: »Hoffentlich macht sie heute wieder ihre Ente (ihr Ragout, ihren Curry, ihre Charlotte …)!« Wenn Sie am Herd nicht gerade ein As sind, dann sollten Sie sich nicht verpflichtet fühlen, Ihren Gästen jedesmal etwas anderes vorzusetzen. Bleiben Sie bei Ihrer Spezialität, und variieren Sie das Dessert. Das kommt immer gut an (Es sei denn, es gibt Raclette im Hochsommer – stimmt's, Sabine?), und Sie brauchen sich nicht zu stressen. Hier nun einige kulinarische Highlights von Freundinnen, die wunderbare Gastgeberinnen sind, ohne leidenschaftliche Köchinnen zu sein.

Virginies Pot-au-feu

Virginie wird bereits mit Komplimenten für ihr Schokoladen-Pavé in meinen beiden zuvor erschienenen Kochbüchern überhäuft. Eine Ehrung, die sie immer noch nicht ganz versteht – rief sie doch vor nicht allzu langer Zeit meinen Mann an und erkundigte sich, wie man Eier kocht.
Sie ist der lebende Beweis dafür, dass man auch mit einem äußerst bescheidenen kulinarischen Repertoire kleine Kostbarkeiten zaubern kann, die die Gäste immer wieder begeistern und mit der Zeit zu Spezialitäten des Hauses werden.

Sabines Huhn im Topf

Sabine (super Job, Ehemann, drei Kinder, ein Haus und ein Hund) hat keine Zeit zum Kochen, aber sie liebt eine schön gedeckten Tafel, Kerzenschein, Blumen und was man sonst so braucht. Ihr Huhn im Topf ist ebenso legendär wie ihr Raclette – das sie ohne Hemmungen mitten im Juni serviert – und ihre köstlichen Diners, bei denen die Zutaten allesamt aus der Tiefkühltruhe stammen.

Emmanuelles Tajine

Jeder Abend bei Emmanuelle ist ein Fest. Auch wenn die tägliche Kocherei das Letzte ist, worüber sie sich den Kopf zerbricht, schafft sie es immer wieder, ihre Freunde mit ganz einfachen Gerichten zu verwöhnen, die ihr selbst noch Zeit lassen, sich (sehr) schön zu machen. Von der Armagnac-Sammlung ihres Mannes fange ich gar nicht erst an …

Valéries Baeckeoffa

Für Valérie und ihre drei Schwestern ist Kochen eine äußerst ernst zu nehmende Familienangelegenheit. Sie ist Geschäftsfrau, Mutter von Clément und Pauline sowie Ehefrau von Nicolas, und sie hat für ihr Leben gern Gäste. Wenn man im Winter auf dem Weg zu ihr ist, denkt man automatisch: »Hoffentlich hat sie wieder ihren Baeckeoffa gemacht …« Dieses deftige Gericht bereitet sie schon am Vortag zu. Und sie kocht es – wie schon ihre Mutter und ihre Großmutter vor ihr – mit viel, viel Liebe.

Virginies Pot-au-feu

Für 8–10 Personen
Zubereitungszeit: 20 Minuten
Garzeit: 2 ½ Stunden

3 kg Siedefleisch vom Rind (Wadenfleisch, Schulterstück, Schwanz, Haxe oder Backe)
8 Karotten, geschält und in Stäbchen geschnitten
8 weiße Rübchen, geschält und halbiert
8 Stangen Lauch (nur der weiße Teil)
3 Stangen Sellerie
3 mit Nelken gespickte Zwiebeln
2 Lorbeerblätter
1 Kräutersträußchen (Petersilie, Lorbeer
und Thymian)
3 Markknochen
10 Kartoffeln

Das Fleisch in einem mit Wasser gefüllten großen
Topf zum Kochen bringen. Dann abschäumen,
die Temperatur reduzieren und das Fleisch bei
niedriger Hitze etwa 1 Stunde sieden lassen.
Die übrigen Zutaten mit Ausnahme der Markknochen und der Kartoffeln hinzufügen und weitere 1 ½ Stunden köcheln lassen. Dann Kartoffeln
und Knochen dazugeben und den Pot-au-feu
erneut 30 Minuten köcheln lassen. Fertig!
Servieren Sie Fleisch und Gemüse separat mit
bestem grobem Meersalz, Senf und Cornichons.

Emmanuelles Tajine

Für 8 Personen
Zubereitungszeit: 10 Minuten
Garzeit: 2 Stunden

150 g Sultaninen
150 g Dörrpflaumen
3 EL Olivenöl
1 Stück frischer Ingwer, etwa daumengroß
Salz und Pfeffer
8 Hähnchenteile (Brust und Keule)
3 Zwiebeln, gehackt
1 EL Kreuzkümmel (Kumin)
1 EL Kurkuma
1 kg Kartoffeln, geschält
3 Zucchini
1 Bund Petersilie, gehackt

Sultaninen und Dörrpflaumen in warmem Wasser
einweichen. Das Öl mit Ingwer, Salz und Pfeffer in
ein Tajine-Kochgeschirr (am besten aus Keramik)
geben. Bei kleiner Hitze 5 Minuten köcheln lassen.
Die Hähnchenteile hinzufügen und in dem Öl
wenden, damit sie dessen Aroma annehmen.
Die gehackten Zwiebeln dazugeben und zusammen mit dem Fleisch in 10–15 Minuten leicht
Farbe annehmen lassen.
Anschließend Kreuzkümmel und Kurkuma zugeben und unterrühren. Dann die Kartoffeln, die
Zucchini und die Petersilie hinzufügen.
Das eingeweichte Dörrobst gut abtropfen lassen
und auf die Zutaten in den Topf legen. Das Tajine
bei kleiner Hitze etwa 1 Stunde schmoren.
Falls das Tajine beim Garen zu trocken wird, etwas
Wasser hinzufügen.

Sabines Huhn im Topf

Für 6–8 Personen
Zubereitungszeit und Garzeit am Vorabend:
1 Stunde 45 Minuten
Zubereitungszeit und Garzeit vor dem Servieren:
30 Minuten

1 küchenfertiges Huhn von 1,5–1,8 kg
1 mit Gewürznelken gespickte Zwiebel
Salz und Pfeffer
3 Karotten, geschält und in Stäbchen geschnitten
4 weiße Rübchen, geschält und halbiert
1 Stange Lauch

Zum Servieren:
Reis
100 g Butter
3 EL Mehl
3 Eigelb
Saft von ½ Zitrone
3 EL Crème fraîche

Am Vorabend Huhn, Zwiebel, Salz und Pfeffer in einen großen Topf geben, mit Wasser bedecken und zum Kochen bringen. Bei kleiner Hitze etwa 45 Minuten köcheln lassen, dann das Gemüse hinzufügen und weitere 45 Minuten garen. Alles vollständig auskühlen lassen und die Brühe am nächsten Tag entfetten.
30 Minuten vor dem Servieren ausreichend Brühe abnehmen, um darin Reis für 8 Personen zu kochen. Das Huhn und das Gemüse in der übrigen Brühe erhitzen und anschließend auf einer vorgewärmten Servierplatte anrichten.
Aus der Butter und dem Mehl eine Mehlschwitze zubereiten. Nach und nach Brühe unterrühren. Unter Rühren zum Kochen bringen, bis eine dicke Sauce entstanden ist. Kurz vor dem Servieren Eigelbe, Zitronensaft und Crème fraîche unterziehen. Die Sauce erneut erhitzen, jedoch nicht zum Kochen bringen, und mit Salz und Pfeffer abschmecken. Zusammen mit dem Huhn, dem Reis und dem Gemüse servieren.

Valéries Baeckeoffa

Für eine ganze Kompanie
Zubereitungszeit: 15 Minuten
Marinierzeit: 1 Nacht
Garzeit: 3 Stunden

750 g Rindfleisch, in Würfel geschnitten
750 g Lammschulter, in Würfel geschnitten
750 g Schweineschulter, in Würfel geschnitten
3 kg Kartoffeln, geschält und in 5 mm dicke Scheiben geschnitten
250 g geräucherter durchwachsener Speck, in dünne Streifen geschnitten
Thymian
Salz und Pfeffer
500 g gehackte Zwiebeln

Für die Marinade:
1 l Riesling
1 Karotte, in Scheiben geschnitten
1 Zwiebel, gehackt
1 Knoblauchzehe, zerdrückt
2 Gewürznelken
3 Lorbeerblätter
2 EL Petersilienblättchen
Salz und Pfeffer

Alle Zutaten für die Marinade mischen und das Fleisch darin über Nacht marinieren. Am nächsten Tag den Backofen auf 180 °C vorheizen. Den Boden des Kochgeschirrs mit einer Lage Kartoffelscheiben auslegen. Zuerst die Speckstreifen, dann den Thymian und schließlich Salz und Pfeffer darüber streuen. Eine Lage Fleisch darüber legen. Darauf eine Schicht Kartoffeln geben, gefolgt von einer Lage Zwiebeln. Dann eine Lage Fleisch darüber schichten. Erneut eine Schicht Kartoffelscheiben darauf legen und schließlich mit einer Lage Fleisch abschließen. Die Marinierflüssigkeit dazugießen, das Gericht etwa 3 Stunden schmoren.

Lammhaxe mit Kichererbsen und Ras el Hanout

Für 4 Personen
Zubereitungszeit: 20 Minuten
Garzeit: 2 ½ Stunden

3 EL Olivenöl
4 Lammhaxen
2 Zwiebeln, fein gehackt
2 Knoblauchzehen
1 daumengroßes Stück frischer Ingwer, geschält und
fein gehackt (nach Belieben)
500 g Karotten, in Scheiben geschnitten
2–3 EL Ras el Hanout (marokkanische
Gewürzmischung)
1 Dose (400 g) geschälte Tomaten in Würfeln
1 Dose (450 g) Kichererbsen
100 g getrocknete Aprikosen
100 g Dörrpflaumen
2 EL Honig
100 g Mandeln, blanchiert und geschält
Salz und Pfeffer
frisches Koriandergrün, falls erhältlich

Den Backofen auf 170 °C vorheizen.
Das Öl in einem Schmortopf aus Gusseisen erhitzen und die Lammhaxen darin von allen Seiten gut anbraten. Das Öl, falls es sehr dunkel geworden ist, wegschütten und frisches Öl in den Topf geben und erhitzen. Die Zwiebeln, den Knoblauch, den Ingwer, die Karotten und das Ras el Hanout ein paar Minuten darin anschwitzen. Die Tomaten hinzufügen und untermischen.
1–2 Minuten köcheln lassen. Etwa 750 ml Wasser dazugießen – die Lammhaxen sollten etwa zur Hälfte mit Flüssigkeit bedeckt sein. Zum Kochen bringen und 5–10 Minuten köcheln lassen, dann zugedeckt 2 Stunden im Ofen schmoren.
30 Minuten vor der Fertigstellung die Kichererbsen hinzufügen und die Lammhaxen im Ofen oder auf dem Herd fertig schmoren. Kurz vor dem Servieren die Aprikosen, die Dörrpflaumen und den Honig dazugeben. Die Mandeln in einer Pfanne goldbraun rösten und zu den Lammhaxen geben. Mit Salz und Pfeffer abschmecken und etwas Koriandergrün hinzufügen, falls Sie welches zur Hand haben.
Das Gericht lässt sich gut im Voraus zubereiten. Dafür nach Rezept vorgehen, bis eigentlich die Kichererbsen zum Lamm gegeben werden sollten. Vor dem Essen dann die Haxen aufkochen, die Kichererbsen in den Topf geben und das Gericht in 30 Minuten fertig garen.

Irish Stew

Ein irisches Nationalgericht: mit Kartoffeln,
Zwiebeln, Petersilie und Thymian geschmortes
Lamm, ganz einfach. Bei der Luxusversion
kommen noch Karotten und manchmal sogar
Lauch hinzu.

Für 4–6 Personen
Zubereitungszeit: 10 Minuten
Garzeit: 2 Stunden

500 g fest kochende Kartoffeln, in dünne Scheiben
geschnitten
750 g Lammnacken
2 Zwiebeln, in dünne Scheiben geschnitten
1 EL Petersilie
1 EL Thymian
Salz und Pfeffer

Den Ofen auf 170°C vorheizen.
Abwechselnd Kartoffeln, Lammfleisch, Zwiebeln
und Kräuter in einem Topf schichten. Mit einer
Lage Kartoffeln abschließen und mit den Händen
die Zutaten etwas zusammendrücken. 300 ml
Wasser dazugießen und das Ganze mit Salz und
Pfeffer würzen. Zugedeckt etwa 2 Stunden im
heißen Ofen schmoren.

»Angebranntes« Lammragout

In der Sonne getrocknete Tomaten, pur oder in Öl eingelegt, gibt es in fast jedem Supermarkt. Die Früchte auf dem Foto rechts waren nur getrocknet. Während des Schmorens haben sie sich mit Garflüssigkeit vollgesogen.

Für 6 Personen
Zubereitungszeit: 10 Minuten
Garzeit: 1 1/2 Stunden

2 EL Olivenöl
2 Zwiebeln, fein gehackt
2 Knoblauchzehen, zerdrückt
12 Stücke Lammnacken
500 ml Weißwein
Thymian und/oder Rosmarin
12 getrocknete Tomatenhälften
Salz und Pfeffer

Das Öl in einem Topf erhitzen und die Zwiebeln und den Knoblauch darin andünsten.
Das Lammfleisch zugeben und rundum kräftig anbraten (dabei soll es etwas »anbrennen«).
Dann den Wein dazugießen und den Thymian und/oder den Rosmarin hinzufügen. Das Fleisch etwa 1 1/2 Stunden bei niedriger Hitze schmoren lassen. Die getrockneten Tomaten etwa 30 Minuten vor dem Ende der Garzeit dazugeben.
Im Idealfall sollten die Lammfleischstücke ein wenig am Boden des Schmortopfs angesetzt haben. Das kann aber auch beim Aufwärmen des Gerichts geschehen.
Das Ragout vor dem Servieren mit Salz und Pfeffer abschmecken.

Thai-Curry mit Schweinefleisch

Dieser Curry ist ein typisches Beispiel für ein Gericht, dem es gut tut, wenn man es für eine Weile vergisst. Abkühlen und anschließendes Aufwärmen geben den Gewürzen ausreichend Zeit, ihre Aromen voll zu entfalten. Falls Sie keinen Asienladen in der Nähe haben, kann es schwierig sein, Zitronengras aufzutreiben. Sollten Sie welches bekommen, kaufen Sie am besten eine größere Menge und frieren ein, was sie nicht sofort verbrauchen. Finden Sie keines, können Sie getrocknetes Zitronengras oder fertige Zitronengras-Paste verwenden.

Für 4–6 Personen
Zubereitungszeit: 45 Minuten
Garzeit: 1 Stunde

750 g Schweinefleisch, vorzugsweise aus der Schulter, in Würfel geschnitten (darauf achten, dass das Fleisch gut durchwachsen ist – durch das Fett bekommt das Gericht Geschmack und wird saftig)
2 EL Limettensaft
1 EL Sojasauce
1 Dose (400 g) Kokosmilch
1 Bund frisches Koriandergrün

Für die Currypaste:
1 rote Chilischote (nach Belieben)
1 daumengroßes Stück frischer Ingwer oder Galgant
2 Stängel frisches Zitronengras oder 2 EL getrocknetes Zitronengras (20 Minuten in warmem Wasser einweichen)
2 Zwiebeln, fein gehackt
6 Knoblauchzehen, fein gehackt
1 EL gemahlener Koriander
2 EL gemahlener Kreuzkümmel
1 EL Kurkuma

Für die Currypaste alle Zutaten im Blitzhacker fein zerkleinern. Fleisch, Currypaste, Limettensaft und Sojasauce in einer Schüssel gut vermischen und alles etwa 1 Stunde durchziehen lassen.

Das Fleisch mit der Marinade in einem Topf oder Schmortopf mit dickem Boden erhitzen. Dabei die Fleischstücke zuerst bei mittlerer Hitze andünsten, damit sie einen Teil ihres Fetts abgeben. Anschließend die Hitze erhöhen und das mit Marinade bedeckte Fleisch braten, bis es trocken wird und Farbe annimmt. Die Kokosmilch und 100 ml Wasser dazugießen, zum Kochen bringen und das Fleisch bei niedriger Hitze etwa 50 Minuten köcheln lassen.

Das Curry gut durchmischen und, falls es zu trocken geworden ist, noch etwas Wasser oder Kokosmilch hinzufügen. Mit Salz und Pfeffer abschmecken. Dazu passt gegarter, mit frischem Koriandergrün bestreuter Basmati-Reis.

Geschmortes Rindfleisch

Für 4 Personen
Zubereitungszeit: 15 Minuten
Garzeit: 1½–2 Stunden

15 g Butter
1 EL Olivenöl
30 g Speck, in Würfel geschnitten
2 Zwiebeln, gehackt
750 g Rindfleisch zum Schmoren (aus der
Schulter, Ober- und Unterschale, Tafelspitz),
in Würfel geschnitten
2 EL Mehl
500 ml Rinderbrühe
300 ml Guinness-Bier (oder jedes andere
dunkle irische Bier)
1 Kräutersträußchen (Petersilie, Lorbeer und
Thymian)
2 Karotten, in Scheiben geschnitten
Salz und schwarzer Pfeffer

Die Butter und das Öl in einem gusseisernen
Schmortopf erhitzen und die Speckwürfel, die
Zwiebeln und das Fleisch einige Minuten darin
anbraten. Mit Mehl bestäuben und 1 Minute
bräunen. Etwas abkühlen lassen, dann die Brühe
und das Bier dazugießen. Unter ständigem Rühren zum Kochen bringen. Das Kräutersträußchen
und die Karottenscheiben hinzufügen. Zugedeckt
bei niedriger Hitze 1–1½ Stunden schmoren,
bis das Fleisch sehr weich ist.
Kurz vor dem Servieren das Kräutersträußchen
herausnehmen und das Fleisch und die Sauce
mit Salz und Pfeffer abschmecken. Dazu passen
Dämpfkartoffeln.

Kalbsbrust mit gerösteten Karotten

Ein sehr einfaches Rezept für ein sehr schmackhaftes Stück Fleisch.

Für 6 Personen
Zubereitungszeit: 20 Minuten
Garzeit: 2 Stunden

2 EL Olivenöl
2 Karotten, in Scheiben geschnitten
150 g ungeräucherter durchwachsener Speck,
in dünne Streifen geschnitten
2 Zwiebeln, fein gehackt
1,5 kg gerollte und gebundene Kalbsbrust
Salz und Pfeffer

Den Ofen auf 180 °C vorheizen.
Das Öl in einem ofentauglichen Schmortopf erhitzen und Karottenscheiben, Speckstreifen und Zwiebeln darin anbraten. Die Kalbsbrust hineingeben und von allen Seiten bräunen. 1 Glas Wasser dazugießen, das Gericht leicht salzen und pfeffern. Zugedeckt im heißen Backofen etwa 2 Stunden garen. Mit geröstetem Gemüse (siehe Seite 136) servieren.

Steak and Kidney Pie

Für 6 Personen
Zubereitungszeit: 25 Minuten
Garzeit: 2 Stunden

75 g Butter
2 EL Olivenöl
2 Zwiebeln, gehackt
3 Karotten, in Scheiben geschnitten
700 g Rindfleisch zum Schmoren (aus der Schulter,
Ober- und Unterschale, Tafelspitz)
250 g Rindernieren, in Stücke geschnitten
2 EL Mehl
1 EL Tomatenmark
700 ml Rinderbrühe oder Wasser
1 Lorbeerblatt
150 g Champignons, geviertelt
Salz und Pfeffer
Worcestershiresauce
350 g Mürbeteig (Rezept siehe rechts)
verquirltes Ei

Butter und Öl in einem Topf erhitzen. Zwiebeln
und Karotten hineingeben und anbraten. Fleisch
und Nieren dazugeben und von allen Seiten bräunen. Mit Mehl bestäuben und ein paar Minuten
unter häufigem Rühren rösten. Das Tomatenmark
mit Brühe oder Wasser verrühren. Diese Mischung sowie das Lorbeerblatt und die Champignons in den Topf geben. Alles 1–1 1/2 Stunden
halb zugedeckt bei kleiner Hitze schmoren.
Die Sauce sollte stark eingekocht und dick sein.
Das Schmorfleisch mit Salz, Pfeffer und Worcestershiresauce würzen, mit der Sauce in eine Auflaufform füllen und etwas abkühlen lassen.
Den Ofen auf 220 °C vorheizen.
Den Mürbeteig ausrollen und die gefüllte Auflaufform damit großzügig bedecken. Zuvor die
Ränder der Form mit verquirltem Ei bestreichen.
Den Teig an den Rändern gut festdrücken und
ebenfalls mit Ei bestreichen. Die Form in den Ofen
schieben und die Pie in etwa 30 Minuten goldbraun backen.

Mürbeteig

Zubereitungszeit: 10 Minuten
Kühlzeit: 2 Stunden

250 g Mehl
125 g kalte gesalzene Butter
3–4 EL sehr kaltes Wasser

Das Mehl und die Butter in den Mixer oder die
Küchenmaschine füllen. Auf mittlerer Stufe zerkleinern, bis eine feinkrümelige Masse entsteht.
Das Wasser dazugießen und ein paar Sekunden
weitermixen. Den Teig zu einer Kugel formen, in
Frischhaltefolie wickeln und 2 Stunden im Kühlschrank ruhen lassen.
Falls der Teig für eine süße Tarte gedacht ist,
2 EL Zucker hinzufügen.

Ossobuco

Ein großartiger Klassiker, zu dem am besten
Nudeln oder Reis passen.

Für 6 Personen
Zubereitungszeit: 10 Minuten
Garzeit: 2 Stunden

6 dicke Scheiben von der Kalbshaxe
1 EL Mehl
4 EL Olivenöl
2 Zwiebeln, gehackt
1 Knoblauchzehe, grob gehackt
2 Karotten, in Scheiben geschnitten
500 ml Weißwein
1 Dose (400 g) Tomaten
1 Stück Orangenschale
1 EL Thymian
Salz und Pfeffer

Die Kalbshaxenscheiben in Mehl wenden und in
dem Öl anbraten. Anschließend die Zwiebeln,
den Knoblauch und die Karotten dazugeben. Den
Wein dazugießen, die Tomaten, die Orangenschale und den Thymian hinzufügen. Zugedeckt
1½–2 Stunden bei kleiner Hitze schmoren.
Mit Salz und Pfeffer abschmecken.

Meine – zugegeben, übertriebene – Leidenschaft für Hühnerfleisch hat mich schon oft zum Gespött gemacht. Jahrelang war es für mich geradezu eine Qual, im Restaurant rotes Fleisch oder Fisch zu bestellen. Und daheim musste ich mich regelrecht überwinden, etwas anderes als Huhn zuzubereiten.

Inzwischen weiß ich aber, dass ich nicht der einzige Mensch bin, der dem Huhn verfallen ist. Und irgendwann werde ich ein unvergängliches Werk verfassen mit dem Titel »Das große Buch vom Huhn mit Rahm und Stampfkartoffeln«.

Tante-Emma-Huhn

Manchmal hat man einfach keine Zeit, moralisch unanfechtbare Produkte (das sind die mit Gütesiegeln, Medaillen und Ursprungszertifikaten) zu besorgen. Für solche Fälle hier ein Gericht, für das Sie die Zutaten in jedem Tante-Emma-Laden kaufen können.

Für 4 Personen
Zubereitungszeit: 5 Minuten
Garzeit: 1½ Stunden

50 g Butter
4 Hühnerkeulen
6 Schalotten, fein gehackt
1 Flasche Weißwein
Salz und Pfeffer
3–4 EL Crème fraîche

Den Ofen auf 180 °C vorheizen.
Die Butter in einem Topf erhitzen und die Hühnerkeulen und die Schalotten darin bräunen.
Sobald die Fleischstücke rundherum Farbe angenommen haben, den Wein dazugießen und das Fleisch leicht mit Salz und Pfeffer würzen.
1–1½ Stunden zugedeckt im Ofen schmoren.
Vor dem Servieren die Crème fraîche dazugeben und die Sauce einkochen, bis sie eingedickt ist.
Wer unbedingt eine exotische Note erzielen will, fügt gegen Ende der Garzeit etwas Estragon oder körnigen Senf hinzu. Dazu passen Tagliatelle.

Huhn mit 40 Knoblauchzehen

Wird Knoblauch lange gegart, ist er sehr bekömmlich und hinterlässt keine grässliche Knoblauchfahne. Eines Mittwochabends aber verkürzte ich die Garzeit dieses Gerichts ein wenig, und meine Gäste – er Banker, sie Headhunter – wagten es erst am folgenden Sonntag wieder, unter Menschen den Mund zu öffnen. Verzeiht mir, Fred und Kath!

Für 6 Personen
Zubereitungszeit: 10 Minuten
Garzeit: 1–1 ½ Stunden

1 schönes Huhn von 1,5–2 kg
Salz und Pfeffer
40 Knoblauchzehen, von der Knolle gelöst,
aber ungeschält
3–4 EL Olivenöl
2 sehr dünne, lange Baguettes
bestes grobes Meersalz

Den Backofen auf 180 °C vorheizen.
Die Bauchhöhle des Huhns mit Salz und Pfeffer einreiben und ein paar Knoblauchzehen hineingeben. Das Öl in einem Schmortopf erhitzen und das Huhn darin rundum anbraten.
Die übrigen Knoblauchzehen einige Minuten in dem Fett anbraten, dann so viel Wasser angießen, dass das Huhn bis auf halbe Höhe der Keulen darin liegt. Zugedeckt 1 ½ Stunden im heißen Ofen garen, ohne den Deckel dabei abzunehmen.
Fünf Minuten vor dem Servieren die Baguettes in dünne Scheiben schneiden, mit ein paar Tropfen Olivenöl beträufeln und im Ofen rösten.
Topf und Croûtons auf den Tisch stellen, den Deckel abheben und die Gäste den köstlichen Duft schnuppern lassen, der sich sofort verbreitet.
Die Knoblauchzehen auf den gerösteten Brotscheiben zerdrücken und mit Meersalz bestreuen.
Zu diesem Gericht passen knackige Blattsalate.

Stubenküken mit Zitrone, Thymian und Knoblauch

Immer wenn ich diese Vögelchen serviere, habe ich ein schlechtes Gewissen. Aber ein halbes Stubenküken ist so eine ideale Portion: genug Brust plus eine Keule.

Für 6 Personen
Zubereitungszeit: 10 Minuten
Garzeit: 1½ Stunden

3 Stubenküken
Schale und Saft von 2 Zitronen
2 Knoblauchzehen, fein gehackt
1 EL Thymian
3 EL Olivenöl
Salz und Pfeffer
20 g Butter

Den Backofen auf 150°C vorheizen.
Alle Zutaten bis auf die Butter in einen Bräter geben. Die Stubenküken innen und außen mit den Gewürzen einreiben und anschließend im heißen Ofen 1½ Stunden garen. Erst kurz vor dem Servieren mit Salz und Pfeffer würzen.
Die Butter oder etwas Wasser unter den köstlich karamellisierten Garsud schlagen.

Langsam gebratene Ente

Dies ist ein Rezept von Jamie Oliver, das ich ein bisschen verändert habe. Ich finde ihn süß, meine Söhne verehren ihn, und meinem Mann ist er ein Rätsel. Jamie, we love you!

Für 6 Personen
Zubereitungszeit: 5 Minuten
Garzeit: 2 Stunden

2 Enten (2 Stück, na klar – eine Ente sieht zwar auf den ersten Blick meist gut genährt und fleischig aus, nur ist meist nicht viel dran)
2 Knoblauchzehen
Olivenöl
Salz
1 Zwiebel
Pfeffer

Den Backofen auf 190 °C vorheizen.
Die Enten gründlich mit den geschälten Knoblauchzehen, etwas Olivenöl und Salz einreiben. Je eine halbe Zwiebel in die Bauchhöhlen der Enten stecken. Die Enten auf einem Gitter über einem Bräter etwa 1 Stunde bei 190 °C garen, dann die Ofentemperatur auf 150 °C reduzieren und die Enten 1 weitere Stunde garen. Das sich während des Bratens im Bräter sammelnde Fett ab und zu abgießen. Die Haut der Enten wird herrlich knusprig, das Fleisch zart. Dazu passt geschmorter Rotkohl (Seite 140).

Wildschweintopf

Für 6 Personen
Zubereitungszeit: 15 Minuten
Marinierzeit: 24 Stunden
Garzeit: 1½ Stunden

1 l Rotwein
2 kg Wildschwein, in große Würfel geschnitten
30 g Butter
75 ml Olivenöl
2 EL Mehl

Für die Marinade:
2 Zwiebeln, gehackt
1 Karotte, in Scheiben geschnitten
2 Knoblauchzehen, zerdrückt
1 Kräutersträußchen (Petersilie, Lorbeer
und Thymian)
Salz und Pfeffer

Alle Zutaten für die Marinade miteinander mischen und die Hälfte des Rotweins dazugießen.
Die Fleischwürfel darin wenden und 24 Stunden
marinieren.
Die Fleischwürfel aus der Marinade nehmen, gut
abtropfen lassen und mit Küchenpapier trockentupfen. Die Marinade durch ein Sieb passieren
und auffangen, dabei die Gemüsestücke gut aus-
drücken, damit sie einen Teil ihres Aromas an die
Flüssigkeit abgeben. Die Butter und das Öl in
einem Schmortopf erhitzen und die Fleischwürfel
darin bei starker Hitze rundum kräftig anbraten.
Das Mehl darüber stäuben und ebenfalls unter
Rühren bräunen. Darauf achten, dass weder die
Mehlschwitze noch das Fleisch dabei anbrennen.
Mit der Marinierflüssigkeit ablöschen und den
am Boden des Schmortopfs haftenden Bratsatz
mit einem Kochlöffel sorgfältig lösen. Den übrigen Wein dazugießen und das Fleisch damit
bedecken. Das Fleisch zugedeckt bei niedriger
Hitze 1–1½ Stunden schmoren.
Dazu passen Salzkartoffeln und ein Püree aus
weißen Rübchen.

Chartreuse vom Fasan mit Stopfleber und Apfelchips

Ein Festessen, das man komplett im Voraus zubereiten kann.

Für 8 Personen
Zubereitungszeit: 25 Minuten
Garzeit: 1 ½ Stunden

2 Fasane
Salz und Pfeffer
2 Zwiebeln, geschält
2 EL Öl
2 Köpfe Wirsingkohl (Wirz)
50 g Butter
150 g ungeräucherter durchwachsener Speck, in Streifen geschnitten
200 g halb gegarte Stopfleber

Den Backofen auf 220 °C vorheizen.
Die beiden Fasane mit Salz und Pfeffer würzen und die Bauchhöhlen mit je einer Zwiebeln füllen. Etwas Öl in einen Bräter geben und die Fasane etwa 1 Stunde im heißen Ofen garen.
Aus dem Ofen nehmen und so weit abkühlen lassen, dass man sie anfassen kann. Das Fleisch von den Knochen lösen und in mundgerechte Stücke teilen. Den Bratensaft aufbewahren.
Den Kohl putzen, in grobe Streifen schneiden und etwa 20 Minuten in Salzwasser garen. Gut abtropfen lassen und die Butter hinzufügen.
Die Speckstreifen in einer Pfanne kurz anbraten. Inzwischen die Stopfleber in kleine Würfel schneiden. Den Kohl, die Speckstreifen, die Stopfleber und die Geflügelstücke mitsamt dem Bratensaft mischen und mit Salz und Pfeffer würzen. Die Masse auf zwei flache runde Backformen verteilen und bis zum Servieren warm stellen.
Alternative: abkühlen lassen und vor dem Servieren 15 Minuten bei 180 °C erhitzen. Dazu passen Apfelchips (siehe Seite 12).

Marinierter Hirschbraten

Meine Probleme, was das exakte Timing der Speisenfolge angeht, sind hinlänglich bekannt. Dieses Gericht sollten Sie im Anschluss an eine Vorspeise servieren, die Ihre Gäste so lange beschäftigt, wie der Braten im Ofen ist. Wenn Sie drumherum nur Speisen kredenzen, die unkompliziert in der Zubereitung sind, ist dies ein ideales Weihnachts- oder Silvesteressen.

Für 6–8 Personen
Zubereitungszeit: 10 Minuten
Marinierzeit: 24 Stunden
Garzeit: 20–30 Minuten

1 Hirschbraten von etwa 1 kg

Für die Marinade:
1 rote Zwiebel, gehackt
1 Schalotte, gehackt
1 Knoblauchzehe, gehackt
5 EL Olivenöl
1 EL grob zerstoßene Wacholderbeeren
2 TL grob zerstoßene Koriandersamen
1 EL Thymian und Rosmarin, gemischt und gehackt
Saft und Schale von 1 Zitrone
5 EL Portwein
schwarzer Pfeffer

Für die Sauce:
150 ml Kalbs- oder Wildbrühe
1–2 EL Johannisbeergelee

Die Zutaten für die Marinade mischen. Den Braten auf eine Platte legen und die Marinade gleichmäßig auf dem Fleisch verteilen. Mit Frischhaltefolie zudecken und das Fleisch über Nacht in den Kühlschrank stellen. Vor dem Schlafengehen und nach dem Aufstehen das Fleisch einmal wenden.

Den Backofen auf 220°C vorheizen.

Während die Gäste nach ihren Plätzen suchen, in die Küche eilen. Das Fleisch aus der Marinade nehmen und mit Küchenpapier trockentupfen. Etwas Olivenöl in einer Pfanne erhitzen und das Fleisch rundum anbraten. Die übrige Marinade durch ein feines Sieb streichen, mit der Brühe aufgießen und die Flüssigkeit einkochen lassen, während der Braten im Ofen gart.

Das Fleisch in einen Bräter setzen, mit etwas Marinade begießen und im heißen Ofen nach Geschmack 20–30 Minuten braten. In dieser Zeit sich zu den Gästen gesellen und die Vorspeise genießen. Zurück in die Küche: Den Braten aus dem Ofen nehmen und ruhen lassen, während die Sauce vollendet wird. Vor dem Servieren die Garflüssigkeit in die Sauce gießen und 1–2 Esslöffel Johannisbeergelee hinzufügen.

Dazu passen hervorragend gebratene Birnen und Kartoffelpüree mit Trüffeln und Butter.

Auch ein Rehbraten lässt sich gut auf diese Art und Weise zubereiten.

Übrig bleibt immer was

Reste sind beim Kochen nicht gerade beliebt. Mancher, der welche in den Kühlschrank stellt, hat ein schlechtes Gefühl dabei und fragt sich, ob er irgendetwas falsch gemacht hat.

Dabei weiß man doch, dass Reste von Geschmortem und Geschmurgeltem das Allerbeste sind.

Was in Töpfen, Pfannen, Formen übrig ist, verleitet viele, die Küche unbedingt allein aufräumen zu wollen. Denn nur dann lässt sich das Stelldichein mit dem Bodensatz des Ragouts oder den letzten Löffelchen Vanillesauce zelebrieren.

Wenn besonders viel von einem Essen übrig geblieben ist oder man bewusst mehr gekocht hat, um Reste weiterzuverwerten, sollte man das ursprüngliche Gericht komplett verändern, um einem vorwurfsvollen »Schon wieder…« zuvorzukommen. Hier sind ein paar Vorschläge – für kleine Bäuche, nicht für große Mülltonnen.

Hier ein paar Ideen, wie man kaltes Fleisch in witzigen Salaten unterbringen kann.

Gekochter Schinken, grünes Gemüse, Senf-Honig-Vinaigrette

Grüne Bohnen und Erbsen in kochendem Wasser kurz garen. Fenchel und Granny-Smith-Äpfel in sehr dünne Scheiben bzw. Schnitze schneiden. Eine Salatgurke schälen, entkernen, halbieren und in dünne Scheiben schneiden. Das Gemüse mit gekochtem Schinken sowie einer Vinaigrette aus Olivenöl, körnigem Senf und Honig servieren.

Gebratene Ente, gegrillte Pflaumen, Chilisauce

Rote Pflaumen etwa 20 Minuten grillen. Anschlie-ßend mit in Stücke geschnittenem gegartem Entenfleisch und chinesischer Chilisauce mischen, die es in Asienläden und gut sortierten Supermär-kten gibt. Keine Sorge, sie ist nicht sehr scharf.

Rindfleisch, Linsen, Zitrone, Nüsse, Petersilie, Olivenöl

Zitronensaft und fein gehackte glatte Petersilie mit Olivenöl und Kreuzkümmel vermischen. Mit gegarten Linsen und in Stücke geschnittenem Rindfleisch mischen. Abschmecken und mit Wal-nusskernen bestreuen.

Huhn, Orangen, Tomaten, Mandeln, Basilikum, Minze

Mehrere Orangen so dick schälen, dass auch die weiße Haut entfernt wird, und in Scheiben schneiden. Den Saft dabei auffangen. Ein paar Tomaten ebenfalls in Scheiben, das Hühnerfleisch in Stücke schneiden. Die Mandeln in einer Pfanne trocken rösten. Aus Olivenöl, dem aufgefangenen Orangensaft, Basilikum und fein gehackter fri-scher Minze eine Vinaigrette zubereiten. Alles gut mischen und mit den gerösteten Mandeln bestreuen.

Schwimmende Nudeln

Dies ist kein Rezept. Ich möchte Sie nur daran erinnern, dass es ausgezeichnete frische Nudeln zu kaufen gibt.

Nach den Rezepten auf Seite 186 können Sie literweise köstliche Brühe herstellen. Warum nicht frische Tortellini oder Gnocchi darin garen?

Suppe mit Parmesanrinde

Die ganze Würze des Parmesan ist in seiner Rinde konzentriert. Deshalb: Nicht wegwerfen, sondern zu Sellerie, Lauch oder Kartoffeln geben und so eine würzige Suppe herstellen.

Für 4 Personen
Zubereitungszeit: 5 Minuten
Garzeit: 30 Minuten

1,5 l Geflügel- oder Gemüsebrühe (falls Sie keine fertig haben: 1,5 l Wasser, 1 Karotte, 1 Zwiebel, Thymian und Lorbeer)
4 Stangen Sellerie oder 2 Stangen Lauch (nur die weißen Teile)
150 g Parmesanrinde (entspricht etwa 3 Stücken Rinde von abgepacktem Parmesan)
2 EL Crème fraîche (nach Belieben)
Salz und Pfeffer

Die Brühe oder das Wasser zum Kochen bringen und das Gemüse sowie die Parmesanrinden-stücke hineingeben.
Etwa 30 Minuten bei kleiner Hitze köcheln lassen.
Die Rindenstücke herausnehmen und die Suppe in der Küchenmaschine oder im Mixer pürieren.
Nach Belieben Crème fraîche hinzufügen.
Die Suppe mit Salz und Pfeffer abschmecken.

Pita mit Lamm, Zucchini, Feta, Minze, Dill und Olivenöl

Zucchinischeiben in sehr heißem Olivenöl anbraten und anschließend auf Küchenpapier abtropfen lassen.
Frische Minze und Dillspitzen hacken. Ein Pita-Brot kurz im Mikrowellengerät oder im Backofen aufwärmen. Anschließend mit zerkleinertem gegartem Lammfleisch, warmen Zucchinischeiben, zerbröckeltem Feta, Minze und Dill füllen, mit Salz und Pfeffer würzen und mit etwas Olivenöl beträufeln.

Davids Clubsandwich

Sobald wir aus der Schule nach Hause gekommen waren, machten mein kleiner Bruder und ich uns Sandwiches. Der Frühstücksspeck dafür musste perfekt gegrillt und abgetropft sein, die Tomatenscheiben gehörten sehr dünn und das gegarte Hühnerfleisch nicht zu dick geschnitten. Außerdem kam es auf die Dosierung der (Fertig-)Mayonnaise an: Die Sandwiches sollten saftig werden, unsere Schuluniformen sauber bleiben. Das Brot wurde erst geröstet, wenn die übrigen Zutaten vorbereitet waren, damit es lange warm und knusprig blieb.
Sie verstehen sicher, dass ich Ihnen das genaue Rezept für dieses Sandwich (dessen Zubereitung jahrelange Erfahrung fordert) leider nicht geben kann. Übung macht den Meister!

Brot mit Rindfleisch, Roter Bete, Apfel und Meerrettich

Einen Teelöffel Meerrettich aus dem Glas mit 50 g weicher gesalzener Butter mischen. Mit Pfeffer würzen. Toasten Sie zwei dicke Scheiben gutes frisches Landbrot. Bestreichen Sie die Brotscheiben mit der Butter und belegen Sie eine Scheibe mit gegartem Rindfleisch. Geben Sie in Streifen geschnittene Rote Bete und Granny-Smith-Äpfel darüber, und legen Sie die zweite Scheibe darauf.

Wraps mit Schweinefleisch, Ananas, Gurke, Chilischoten und Frühlingszwiebeln

Eine Salatgurke in Stäbchen schneiden. Chilis und Frühlingszwiebeln sehr fein schneiden. Mit klein geschnittenem gegartem Schweinefleisch und Ananasstücken mischen. Mit etwas Reisessig beträufeln und in Reispapier oder Tortillas wickeln.

Schnittchen

Eine oder mehrere Schleckereien nach den Konfitüren- und Chutney-Rezepten auf den Seiten 172–178 zubereiten. Gutes, nach Belieben geröstetes Brot damit bestreichen.

Gratin dauphinois

Für 4–6 Personen
Zubereitungszeit: 25 Minuten
Garzeit: 1½ Stunden

1 Knoblauchzehe, geschält und halbiert
50 g Butter
1 kg fest kochende Kartoffeln, geschält und in dünne
Scheiben geschnitten
Salz und Pfeffer
geriebene Muskatnuss
250 ml Vollmilch
250 ml Rahm

Den Backofen auf 180 °C vorheizen.
Eine flache Auflaufform mit der Knoblauchzehe
ausreiben und mit der Hälfte der Butter ausfet-
ten. Die Kartoffelscheiben in die Form schichten.
Jede Lage salzen, pfeffern und mit geriebener
Muskatnuss würzen.
Die Milch mit dem Rahm vermischen. Erhitzen
und über die Kartoffelscheiben gießen. Die übrige
Butter würfeln und auf den Kartoffeln verteilen.
In den Ofen schieben und 1¼ Stunden backen.
Dann die Ofentemperatur auf 200 °C erhöhen
und die Oberfläche in etwa 15 Minuten knusprig
und goldbraun überbacken.

Gratin savoyard

Gleiche Zutaten und gleiche Zubereitung wie
beim Gratin dauphinois. Einfach vor dem Backen
150–200 g geriebenen Gruyère zwischen die einzelnen Kartoffelschichten und auf die Oberfläche
des Gratins streuen.

Sonntagabend-Gratin

Damit lassen sich etwas triste Sonntagabende
ein wenig aufheitern.

Zubereitungszeit: 5 Minuten
Garzeit: 15–20 Minuten

Reste von gegartem Gemüse (Ratatouille, Kartoffeln,
Brokkoli, Karotten, Lauch, Rosenkohl usw.)
Rahm oder Crème fraîche
ein paar Speckscheiben oder gekochter Schinken,
falls welcher übrig geblieben ist
100 g Käse (Parmesan, Cheddar, Gruyère,
Mozzarella, Ricotta)
Salz und Pfeffer

Den Backofen auf 200 °C vorheizen.
Alle Zutaten vermischen, dabei etwas Cheddar,
Parmesan oder Gruyère beiseite legen und später
darüber streuen. Alles in eine Auflaufform füllen
und in 15–20 Minuten im Ofen goldbraun backen.

Hühnergratin mit Lauch und Salbei

Ebenso kann man Schweine- oder Puten-
fleischreste und sogar übrig gebliebenes
Gemüse zubereiten.

Für 4-6 Personen
Zubereitungszeit: 15 Minuten
Garzeit: 25 Minuten

2 EL Olivenöl
100 g Butter
500 g Lauch (nur die weißen Teile), in Scheiben
geschnitten
1 EL gehackter Salbei
400 g übrig gebliebenes Brathähnchenfleisch,
in Stücke geschnitten
350 ml frischer Rahm
125 g Mehl
Salz und Pfeffer
70 g geriebener Cheddar oder Parmesan
25 g Haferflocken

Den Ofen auf 200 °C vorheizen.
Das Olivenöl und 25 g Butter in einer Pfanne
erhitzen und Lauch und Salbei darin weich dünsten. Das Hähnchenfleisch und den Rahm hinzufügen und zum Kochen bringen. Mit Salz und
Pfeffer würzen und in eine Auflaufform füllen.
Für den Crumble das Mehl und die übrige Butter
mit den Fingerspitzen reiben, bis Streusel entste-
hen. Haferflocken, Salz, Pfeffer und Käse untermischen und die Streusel über die Zutaten in der
Form streuen.
20–25 Minuten – oder bis die Krümel goldbraun
geworden sind – garen.

Unter die (Püree-) Haube gebracht

Trauen Sie sich doch endlich: Geben Sie zu, dass solche Gerichte nicht allein der Resteverwertung dienen! Gestehen Sie, dass es eine großartige Gelegenheit ist, saftiges, geschmortes, geschmurgeltes Fleisch mit üppigem, köstlichem Kartoffelpüree zu vereinen.

1 Damit die erste Lage, die Fleischschicht, noch saftiger wird, diese großzügig mit Garflüssigkeit oder Sauce (bei Enten-Confit auch mit Entenfett) tränken.

2 Das Fleisch möglichst klein zerschneiden – noch gilt es als angesagt, Speisen aussehen zu lassen wie Babynahrung.

3 Eine Schicht aus ungewöhnlichen Zutaten hinzufügen: geröstete Pinienkerne, Mandeln oder Walnusskerne, eingeweichte Trockenfrüchte, Gewürze, Stopfleber, Zwiebeln, Schalotten, geschmorter Knoblauch, Püree aus frischen Erbsen, Karotten, Äpfel oder Birnen ...

4 Wie viel Butter oder Rahm ich unter ein Püree mische, verrate ich nicht. Niemals! Ich nehme für diese Aufläufe übrigens immer Schlagrahm – der leicht säuerliche Geschmack von Crème fraîche gefällt mir nicht mehr so sehr.

5 Das Püree stets sorgfältig abschmecken und beim Reibkäse (Parmesan, Gruyère oder Cheddar) weder bei der Menge noch bei der Qualität geizen.

Ein paar interessante Kombinationen

Ochsenschwanz, Schalotten und Knoblauch, geschmort, darüber Kartoffelpüree mit Meerrettich.

Geschmorte Rinderbacken, Pilze und Speck, gebraten, Kartoffelpüree.

Geschmortes Lamm, geröstete Pinienkerne und Mandeln, darauf Kartoffelpüree mit Gewürzen.

Enten-Confit mit Apfel- oder Birnenpüree, darauf Kartoffelpüree.

Gekochter Schinken, pochierte Pfirsiche, Kartoffel-Erbsen-Püree.

Huhn, gegrillter Mais, Kartoffelpüree und Röstzwiebeln.

Brotauflauf mit Rahmguss

Ein naher Verwandter des Armen Ritters, der noch besser wird, wenn Sie das Brot vom Vortag durch Croissants, Rosinenbrot oder Brioche ersetzen.

Für 6 Personen
Zubereitungszeit: 10 Minuten
Ruhezeit: 20 Minuten
Backzeit: 40–50 Minuten

4–5 Croissants
oder 5–6 Briochescheiben
oder 6–7 große Scheiben Toastbrot
oder 5–6 Scheiben trockenes Brot
500 ml Vollmilch
500 ml Rahm
1 Vanilleschote, längs halbiert
2 Eier und 3 Eigelb
4 EL Zucker

Den Backofen auf 160 °C vorheizen.
Das Brot (oder die Croissants oder die Briochescheiben oder …) in Stücke schneiden und in eine Auflaufform legen. Milch und Rahm mit der Vanilleschote zum Kochen bringen. Inzwischen Eier und Eigelbe mit dem Zucker schlagen, bis die Masse hell und schaumig wird.
Die heiße Milch unter kräftigem Schlagen unter die Eimasse mischen. Das Vanillemark aus der Schote kratzen und in die Creme geben. Die Vanillecreme über das Brot gießen und alles 15 Minuten ziehen lassen. Den Auflauf in den Ofen schieben und 40–50 Minuten backen. Warm oder kalt servieren.

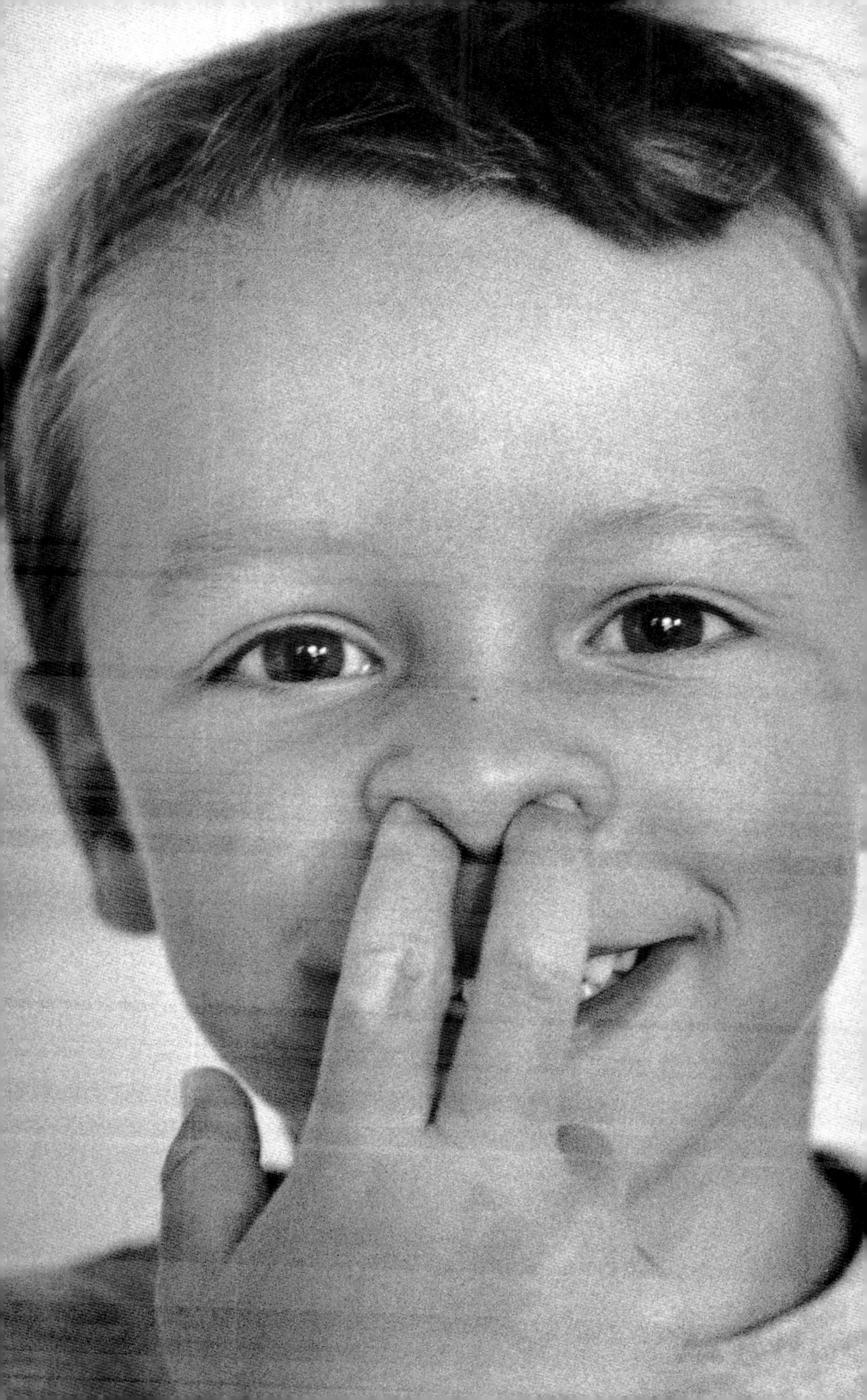

Unkomplizierte Beilagen

Regenbogen-Paprika

Wenn Ihr Gemüsehändler Paprika in Rot und
Grün, in Gelb und Orange und außerdem noch
rot-violette Zwiebeln feilbietet, dürfen Sie
durchaus in einen Farbenrausch verfallen. Das
Gemüse kann wunderbar durchziehen, wenn
Sie es zu einem Stück Fleisch legen, das bei niedriger Temperatur vor sich hin schmort. Hätten
Sie das Gemüse lieber knackiger, garen Sie es
einfach bei höherer Temperatur, und dann nicht
ganz so lange.

Für 6 Personen
Garzeit: 40 Minuten bis 1½ Stunden

4–5 Paprika in vielen Farben, in Streifen geschnitten
2 rote Zwiebeln, in Stückchen geschnitten
1 daumengroßes Stück frischer Ingwer, gerieben
2 Knoblauchzehen, fein gehackt
abgeriebene Schale und Saft von 2 Limetten
abgeriebene Schale und Saft von 1 Zitrone
2 EL Olivenöl, Salz und Pfeffer

Alle Zutaten auf einem Backblech oder in einer
feuerfesten Form mit den Händen gut mischen.
45 Minuten bei 180 °C garen (bei niedrigerer Ofentemperatur entsprechend länger).

Vielen Gemüsearten tut es gut, wenn sie im Backofen – Seite an Seite mit dem Hauptgericht, als dessen Beilage sie gedacht sind – lange schmoren dürfen. Ein wenig Olivenöl intensiviert ihren Geschmack und sorgt für eine leicht karamellige Note. Karotten, Brokkoli, Blumenkohl und Pastinaken brauchen fast eine Stunde bei 150 °C, bis sie weich sind. Kartoffeln geben Sie am besten erst 10 Minuten in kochendes Wasser, dann in den Ofen. Paprika, Auberginen und Zucchini sind in einer halben Stunde gar. Tomaten brauchen eine Sonderbehandlung (siehe Seite 138).

Geröstetes Gemüse

Für 6 Personen
Zubereitungszeit: 10 Minuten
Garzeit: etwa 1 Stunde

2 Tomaten
1 Aubergine
1–2 Paprikaschoten
1–2 Zucchini
1 rote oder weiße Zwiebel
4–5 EL Olivenöl
1–2 Knoblauchzehen
1 TL Thymian
1 Zweig Rosmarin
Salz und Pfeffer

Das grob gewürfelte, mit dem Olivenöl beträufelte Gemüse zusammen mit den anderen Zutaten im Backofen bei 180 °C etwa 1 Stunde rösten. Dabei mehrmals wenden, bis es goldgelb oder stellenweise sogar dunkelbraun ist.

Zwiebeln, Knoblauch und Schalotten, geröstet und eingelegt

Die Zutaten (ungeschält!) auf einem Backblech zu dem Fleisch oder dem Schmorgericht in den Backofen geben, mit dem sie serviert werden sollen. Die Zwiebeln 50 Minuten, die Schalotten 40 Minuten und den Knoblauch 25 Minuten bei 150 °C rösten. Man kann Zwiebeln, Schalotten und Knoblauch allerdings auch schälen, mit etwas Olivenöl beträufeln und – warum nicht – mit ein wenig Zucker bestreuen, bevor man sie in den Ofen schiebt.

Auberginen mit Honig und Pfeffer

Für 6 Personen
Zubereitungszeit: 15 Minuten
Garzeit: 15 Minuten
1 Nacht im Kühlschrank

2 EL Honig
3 EL Weißweinessig
2 Auberginen, in etwa 5 mm dicke
Scheiben geschnitten
Salz und schwarzer Pfeffer
4–5 EL Olivenöl

Honig, Essig und 5 Esslöffel Wasser zusammen aufkochen. Ein paar Minuten köcheln, anschließend abkühlen lassen.
Die Auberginenscheiben salzen und pfeffern. Das Öl in einer Pfanne erhitzen und die Auberginenscheiben auf jeder Seite goldgelb anbraten.
Die Scheiben in eine flache Schüssel geben. Mit der abgekühlten Honig-Essig-Mischung begießen, pfeffern und mit Frischhaltefolie zudecken. Mindestens 8 Stunden ziehen lassen.

Gegrillte Paprika

Die Paprikaschoten längs halbieren. Die Hälften unter dem sehr heißen Grill des Backofens rösten, bis die Schale der Früchte aufplatzt. Noch heiß in einen Gefrierbeutel geben und diesen gut verschließen, damit die Schoten »schwitzen«. Danach lassen sie sich ganz leicht schälen. Eine andere Methode: Die Paprika direkt über einer Gasflamme rösten (wie auf dem Foto auf der vorhergehenden Seite). Vorsicht, nicht die Finger verbrennen!

Geschmorte Tomaten

Für 4–6 Personen
Zubereitungszeit: 5 Minuten
Garzeit: 2 ½ Stunden

12 vollreife kleine Eiertomaten
3 EL Olivenöl
1 EL Zucker

Die Tomaten halbieren und die Hälften nebeneinander in eine flache Auflaufform legen (sehr kleine Strauchtomaten ganz und an den Rispen lassen). Das Olivenöl mit dem Zucker verrühren und über die Tomaten geben. Das Ganze bei 150 °C etwa 2 ½ Stunden im Backofen schmoren lassen. Der Karamell am Boden der Form ist Genuss pur!
Die geschmorten Tomaten kann man beispielsweise in ein Gemüse-Clafoutis geben. Oder man püriert große Exemplare im Mixer und verarbeitet sie zu einer aromatischen Suppe. Diese heiß oder kalt servieren.

Geschmorter Rotkohl mit Balsamico

Eine Beilage, die wunderbar zu knuspriger Ente und zu Wild passt.

Für 6–8 Personen
Zubereitungszeit: 15 Minuten
Garzeit: 1½ Stunden

2 Zwiebeln, fein gehackt
100 g Entenfett
3 Äpfel (Boskoop oder Granny Smith), geschält und in Stücke geschnitten
150 ml Rotwein
100 ml Apfelsaft
200 ml Balsamico-Essig
1 EL brauner Zucker
12 Wacholderbeeren, zerdrückt
Salz und Pfeffer
1 kg Rotkohl, in Stücke geschnitten

Alle Zutaten bis auf den Kohl in einen Topf geben. Zum Kochen bringen, dann den Rotkohl hinzufügen und alles erneut aufkochen.
Die Hitze reduzieren, das Ganze etwa 1½ Stunden schmoren lassen. Falls der Rotkohl zu trocken werden sollte, etwas Apfelsaft hinzufügen und mitköcheln lassen. Abschmecken und servieren.

Ratatouille

Für 8 Personen
Zubereitungszeit: 25 Minuten
Garzeit: 1 Stunde

150 ml Olivenöl
500 g Zucchini, in Scheiben geschnitten
500 g Auberginen, in Würfel geschnitten
500 g Zwiebeln, in feine Scheiben geschnitten
500 g grüne Paprika, entkernt und in feine
Streifen geschnitten
5 Knoblauchzehen, zerdrückt
800 g Tomaten, geschält, entkernt und halbiert
(oder 2 große Dosen Tomaten)
Salz und schwarzer Pfeffer
Thymianzweiglein, Basilikumblätter und
gehackte Petersilie

Die Hälfte des Öls in einer großen Pfanne erhitzen. Die Zucchini goldbraun anbraten. Die Auberginen hinzufügen und mit andünsten. Das Gemüse aus der Pfanne nehmen und beiseite stellen.
Das restliche Olivenöl in die Pfanne geben. Die Zwiebeln hineingeben und glasig dünsten. Paprika und Knoblauch hinzufügen und die Hitze etwas höher schalten. Das Ganze einige Minuten braten. Die Tomaten hinzufügen und alles weitere 10 Minuten garen.
Auberginen und Zucchini dazugeben. Alles gut mischen und mit Salz und Pfeffer würzen.
Den Thymian zugeben und die Ratatouille offen 40–45 Minuten schmoren lassen.
Vor dem Servieren die Basilikumblättchen zerpflücken und zusammen mit der gehackten Petersilie untermischen.
Ratatouille schmeckt heiß, kalt und am besten aufgewärmt.

Piperade

Für 8 Personen
Zubereitungszeit: 20 Minuten
Garzeit: 1 Stunde

7–8 EL Olivenöl
3 Zwiebeln, fein gehackt
600 g rote Paprikaschoten, entkernt und
in Streifen geschnitten
400 g milde rote Chilischoten (Piments d'Espelette),
entkernt und in Streifen geschnitten
2 Knoblauchzehen
1 EL Zucker
1 kg Tomaten, geschält, entkernt und geviertelt
1 Kräutersträußchen (Lorbeer, Petersilie
und Thymian)
Salz und Pfeffer

3 EL Olivenöl in einer großen Pfanne erhitzen und die Zwiebeln darin vorsichtig glasig, aber nicht braun werden lassen. Die anderen Zutaten hinzufügen. Das Ganze mit Salz und Pfeffer würzen und 40–45 Minuten schmoren lassen. Fügt man zum Schluss rohen Schinken und verquirlte Eier hinzu und lässt alles weitere 5 Minuten ziehen, wird aus der Beilage ein köstliches Hauptgericht.

Auberginen, Tomaten und Zwiebeln, im Ofen geschmort

Für 4–6 Personen
Zubereitungszeit: 20 Minuten
Garzeit: 2 Stunden

3 EL Olivenöl
4 Auberginen, in Würfel geschnitten
2 Zwiebeln, fein gehackt
4 Tomaten, geschält und entkernt
3 Knoblauchzehen, zerdrückt
Salz und Pfeffer
Thymian, Lorbeer und Petersilie nach
Geschmack, gehackt

Den Backofen auf 180 °C vorheizen. Das Olivenöl in einem Topf erhitzen. Auberginen und Zwiebeln hineingeben und goldbraun dünsten. Tomaten, Knoblauch, Salz, Pfeffer und gehackte Kräuter hinzufügen. Das Ganze in eine Auflaufform mit Deckel geben und zugedeckt im Backofen 2 Stunden garen, dabei ab und zu vorsichtig wenden.

In meinem Buch »Klein und Fein« hatte die Seite mit den zerdrückten Kartoffeln großen Erfolg. Auf vielfachen Wunsch hier nun einige neue Varianten zur Erweiterung Ihres Repertoires.

Zwiebeln und Pinienkerne

Etwas Olivenöl und Butter in einer Pfanne erhitzen und darin Zwiebeln glasig dünsten. Die Hitze reduzieren, etwas Zucker hinzufügen und alles 15 Minuten ziehen lassen. In einem Topf oder einer anderen Pfanne die Pinienkerne rösten. Auf jede Portion Kartoffelpüree ein kleines Häufchen Zwiebeln geben. Pinienkerne darüber streuen.

Meerrettich

Pro Portion 2 TL Meerrettich aus dem Glas unter das Kartoffelpüree rühren. Schmeckt besonders lecker zu Rind, Thunfisch oder Schwertfisch.

Erbsen mit Speck

Tiefkühl-Erbsen in Salzwasser etwas länger garen, als auf der Packung angegeben, dann zerdrücken und mit Butter, etwas Zitronensaft und Rahm verfeinern. Speckwürfel anbraten und unter das Püree mischen. Schmeckt hervorragend zu lange gebratener Schweinsbrust (siehe Seite 34).

Süßkartoffeln und Gewürze

Ein Püree aus halb Salzkartoffeln und halb Süßkartoffeln zubereiten. Nach Belieben mit geriebener Muskatnuss, gemahlenem Zimt oder geriebenem Ingwer würzen. Passt sehr gut zu Wild.

Karotten-Pastinaken-Püree

Pastinaken bekommt man inzwischen fast überall. Sie sehen ähnlich aus wie Petersilienwurzeln. Zerdrückt und mit Karotten vermischt, ergeben sie eine köstliche Beilage zu Schmorgerichten.

Desserts?
Ganz einfach!

In Portwein pochierte Feigen

Für 6–8 Personen
Zubereitungszeit: 2 Minuten
Garzeit: 25 Minuten

8 sehr reife Feigen, geviertelt
50 g Zucker
250 ml Portwein
Saft und abgeriebene Schale von 1 Zitrone
1 Vanilleschote, aufgeschlitzt
1 Lorbeerblatt

Bis auf die Feigen alle Zutaten mit 100 ml Wasser in einen Topf geben. Alles langsam erhitzen und 10–15 Minuten einkochen.
Die Feigen hinzufügen und 10 Minuten bei kleiner Hitze pochieren. Vor dem Servieren vollständig abkühlen lassen.

Kirschen mit Kirschwasser

Damit Ihre Hände vorzeigbar bleiben, sollten Sie sich Küchenhandschuhe und einen Kirschentsteiner besorgen.

Für 6 Personen
Zubereitungszeit: 30 Minuten
Garzeit: 10 Minuten
Auskühlzeit: 2–3 Stunden

800 g Kirschen, entsteint
125 g Zucker
2 EL Kirschwasser

Die Kirschen, den Zucker und 2 EL Wasser in einen Topf geben. Aufkochen, dann 5–10 Minuten sanft köcheln lassen.
In ein Sieb geben und abtropfen lassen. Den Saft auffangen und beiseite stellen. Die Hälfte der Kirschen mit dem Saft pürieren, dann Kirschwasser und die restlichen Kirschen dazugeben.
Gut mischen und für 2–3 Stunden in den Kühlschrank stellen.

Lange gebackene Tamarillos

Tamarillos stammen aus Südamerika. Ihr Geschmack erinnert an Tomaten, Birnen und Nektarinen. Als ich eine solche Frucht zum ersten Mal sah, hatte ich keine Ahnung, was ich damit anfangen sollte.
Seitdem ich aber im »Sugar Club« in London eine Tamarillo probieren konnte, nutze ich jede (leider seltene) Gelegenheit, selbst welche zuzubereiten. Die Früchte, die bei uns angeboten werden, sind oft von schlechter Qualität. Falsch gelagert, unreif, zu reif – schwer, ein makelloses Exemplar zu finden. Denken Sie einfach an reife Nektarinen, wenn Sie Tamarillos aussuchen. Mit denen sollten die Exoten Ähnlichkeit haben.

Für 4 Personen
Zubereitungszeit: 5 Minuten
Garzeit: 45 Minuten

2 Tamarillos
4 EL Zucker
80 g gesalzene Butter

Den Backofen auf 150 °C vorheizen.
Die Tamarillos halbieren und die Kerne entfernen. Die Butter und den Zucker in die Vertiefungen geben. Die Früchte in eine Auflaufform geben und 45 Minuten im Backofen garen. Noch warm mit Mascarpone und Vanilleeis servieren.

Heißer Obstsalat mit gesalzener Butter

Für 6 Personen
Zubereitungszeit: 3 Minuten
Garzeit: 15 Minuten

Je 6 Feigen, Pfirsiche und Pflaumen
2 Hände voll rote Trauben
50 g gesalzene Butter in Flöckchen
2 EL Rohrohrzucker

Den Backofen auf 200 °C vorheizen.
Obst und Zucker in eine Auflaufform geben, die Butter darauf verteilen und das Ganze 15 Minuten im Backofen garen.
Mit Vanilleeis oder mit einer (mit Lorbeer aromatisierten) Vanillecreme servieren.
Übrigens: Auch frische Ananasscheiben lassen sich prima auf diese Art zubereiten.

Gebackene Quitten mit Vanille

Quitten gibt es selten und nur in der Saison. Daher existiert auch kein Foto von diesem Dessert, denn als ich dieses Buch schrieb, waren die Quitten am Baum unseres netten Nachbarn (der mir bestimmt auch in diesem Jahr welche abgeben wird) noch ganz klein.

Für 6 Personen
Zubereitungszeit: 5 Minuten
Garzeit: 2 Stunden

300 ml Rotwein
140 g Zucker
1 Vanilleschote, aufgeschlitzt
6 kleine oder 3 große Quitten, geschält und halbiert

Den Backofen auf 150°C vorheizen.
Wein, Zucker, Vanilleschote und 200 ml Wasser in eine Auflaufform mit Deckel und dickem Boden geben und zunächst auf dem Herd langsam erhitzen, bis sich der Zucker vollständig aufgelöst hat.
Nun die Quittenhälften in die Flüssigkeit legen, die Form mit dem Deckel verschließen und die Früchte 1 Stunde im Ofen schmoren lassen.
Nun den Deckel abnehmen und die Quitten weitere 1½ Stunden im Ofen garen.
Mit Vanilleeis oder Mascarpone servieren, die Garflüssigkeit dazu reichen.

In Weißwein pochierte Pfirsiche

Ein Rezept von Raymond Blanc, das ich etwas verändert habe. Es hat bereits bei meinen Schwägerinnen und meinen Freundinnen die Runde gemacht. Aus gutem Grund eines meiner Lieblingsdesserts: Es sieht schön aus, schmeckt gut und ist einfach zuzubereiten.

Für 6 Personen
Zubereitungszeit: 10 Minuten
Garzeit: 25 Minuten

1 Orange
1 Zitrone
6 reife Pfirsiche
500 ml Weißwein
125 g Zucker
2 Vanilleschoten
2 Gewürznelken

Die Orange und die Zitrone in feine Scheiben schneiden. Die Pfirsiche nebeneinander in einen Topf legen. Wein, Zucker und 300 ml Wasser dazugeben. Die Vanilleschoten aufschlitzen und zusammen mit den Gewürznelken hinzufügen. Alles mit den Zitrusscheiben bedecken.
Das Ganze zum Kochen bringen, dann bei kleiner Hitze 20–25 Minuten pochieren. Die Pfirsiche im Sud auskühlen lassen. Die kalten Pfirsiche schälen und mit den Vanilleschoten und den Zitrusfrüchten in einer Servierschüssel anrichten. Den kalten Sud darüber gießen und das Ganze mindestens 8 Stunden, noch besser über Nacht ziehen lassen.

Melone mit Limetten und Ingwer

Diese Früchte in Sirup sind sehr aromatisch.
Es tut ihnen ausgesprochen gut, wenn man sie
vor dem Servieren für mindestens 2–3 Stunden
in den Kühlschrank stellt.

Für 6 Personen
Zubereitungszeit: 15 Minuten
Auskühlzeit: mindestens 2 Stunden

225 ml trockener Weißwein
225 g Zucker
Saft von 2 Limetten
abgeriebene Schale von 1 Limette
1 etwa daumengroßes Stück frischer Ingwer,
in kleine Würfel geschnitten
500 g Melonenkugeln

Alle Zutaten bis auf die Melonenkugeln mit
450 ml Wasser in einen Topf geben und erhitzen,
bis sich der Zucker vollständig aufgelöst hat. Die
Melonenkugeln hinzufügen. Alles aufkochen,
dann bei kleiner Hitze 3 Minuten köcheln lassen.
Vom Herd nehmen, die Melonenstücke herausnehmen und beiseite stellen. Den Saft etwa
10 Minuten einkochen lassen, bis er dicklich und
konzentriert ist. Einige Minuten abkühlen lassen,
dann die Melonenkugeln hineingeben. Das Ganze, wenn es komplett abgekühlt ist, für mindestens 2 Stunden, besser über Nacht in den Kühlschrank stellen. Mit chinesischen Honig-Sesam-
Keksen servieren.

Karamell-Äpfel mit gesalzener Butter

Für 4–6 Personen
Zubereitungszeit: 15 Minuten
Garzeit: 25 Minuten

1,5 kg Äpfel
4–5 EL Zucker

Für den Karamell:
100 g Zucker
50 g gesalzene Butter
Rahm bei Bedarf

Die Äpfel schälen, von den Kerngehäusen befreien und in Stücke schneiden. Mit dem Zucker und etwas Wasser in einen Topf geben. Etwa 15 Minuten köcheln lassen, anschließend mit einem Kartoffelstampfer zerdrücken.
Für den Karamell den Zucker in einem Topf mit schwerem Boden erhitzen. Sobald ein goldbrauner Karamell entstanden ist, die Butter hinzufügen und alles kräftig durchrühren. Noch einmal erhitzen und dabei nach Bedarf etwas Rahm hinzufügen, um eventuelle Klümpchen aufzulösen.

Varianten

Birne, Pfirsich, Vanille
Die Zutaten etwas kürzer mit einer längs aufgeschlitzten Vanilleschote und etwas weniger Zucker garen.

Rhabarber, Ingwer, Erdbeere
Den Rhabarber mit einem Stück Ingwer garen. Die Erdbeeren in Stücke schneiden und diese zu dem fertig gekochten, noch heißen Rhabarber geben. So garen sie ebenfalls und geben Saft ab.

Orangensalat mit Olivenöl

Für 4 Personen
Zubereitungszeit: 10 Minuten

4 Orangen
einige Tropfen Olivenöl

Die Orangen schälen und in Scheiben schneiden,
dabei den Saft auffangen. Scheiben und Saft auf
einer Platte anrichten und ein paar Tropfen sehr
gutes Olivenöl hinzufügen. Gut gekühlt servieren.

Ricotta mit Vanille und Ahornsirup

Für 4 Personen
Zubereitungszeit: 3 Minuten

1 Vanilleschote
4–6 EL Ahornsirup
250 g Ricotta

Die Vanilleschote längs aufschlitzen, das Mark herauskratzen. Mark und Ahornsirup mischen. Den Ricotta in Stücke schneiden, den Vanillesirup darüber gießen. 1 Stunde kalt stellen, dann servieren.

Milchreis ... Klasse!

Manch einem mag es als Kind schwer gefallen sein, den Teller leer zu essen. Hier eine überarbeitete »Luxusversion«, die mit gemeinen Großmüttern versöhnen soll.

Für 6 Personen
Zubereitungszeit: 5 Minuten
Garzeit: 25 Minuten

100 g Zucker
750 ml Vollmilch
250 ml Rahm
1 Vanilleschote, aufgeschlitzt
500 g Rundkornreis (Arborio) oder Milchreis

Zum Servieren:
2–3 TL brauner Zucker oder
• Maronencreme
• Karamell und Kompott (siehe Seite 154)
• 2–3 EL Mascarpone (solange der Reis heiß oder lauwarm ist)

Zucker, Milch und Rahm in einen Topf geben und zum Kochen bringen. Die Vanilleschote und den Reis hinzufügen und etwa 20 Minuten unter ständigem Rühren kochen. Der Reis soll die Flüssigkeit komplett aufnehmen. Falls der Milchreis zu klebrig wird, noch etwas Milch hinzufügen.

Heiß, lauwarm oder kalt zusammen mit einer oder mehreren der vorgeschlagenen Beilagen servieren.

Georges eiskalter Kaffeekuchen

Ein nettes Rezept von meiner Mama, für das Sie keinen Backofen brauchen.

Für 6–8 Personen
Zubereitungszeit: 20 Minuten
Kühlzeit: 1 Nacht

1 EL Rum oder Amaretto
200 ml starker Kaffee
130 g weiche Butter
130 g Zucker
2 Eigelb
2 Pakete Löffelbiskuits
2 EL gehackte Nüsse oder zerkrümelte Amarettini

Eine Springform mit Frischhaltefolie auslegen (falls Sie noch keine weiche Silikonform besitzen). Rum oder Amaretto mit dem Kaffee mischen und kalt werden lassen.
Butter und Zucker mit dem elektrischen Handrührgerät hell und schaumig schlagen. Die Eigelbe hinzufügen und erneut schlagen, bis eine homogene Masse entsteht.
Den Boden der Form ganz mit einem Drittel der Biskuits auslegen. Mit einem Drittel des Kaffees tränken. Die Hälfte der Buttercreme darauf geben. Das Ganze noch einmal wiederholen und als letzte Schicht Biskuits auflegen. Diese mit dem restlichen Kaffee tränken.
Einen flachen Teller auf den Kuchen legen und mit Gewichten (Marmeladengläsern, Milchpackungen o. ä.) beschweren, um den Kuchen zusammenzudrücken. Das Ganze über Nacht im Kühlschrank stehen lassen.
Den Kuchen vor dem Servieren aus der Form nehmen und mit gehackten Nüssen oder zerkrümelten Amarettini dekorieren.

Trifle – eine Bauanleitung

Das britische Dessert, über das sich jeder lustig macht … bis er es selbst probiert hat! Außerdem könnte man jedes Dessert so nennen, das aus Schichten von Früchten, Schlagrahm, Englischer Creme und Biskuit besteht. Nachstehend finden Sie lediglich eine sehr allgemeine Anleitung. Was Sie im Einzelnen daraus machen, bleibt Ihnen überlassen.

Der Schlagrahm

Unbedingt frischen Rahm verwenden! Man kann ihn eventuell mit Mascarpone mischen, dann wird er sämiger. Das Ganze wird mit den Schneebesen des elektrischen Handrührgeräts steif geschlagen. Fügt man Eigelb hinzu, wird die Creme sehr reichhaltig, wie für ein Tiramisu. Dann kann die Schicht aus Englischer Creme entfallen. Für ein großes Trifle braucht man 1 l Rahm, 250 g Mascarpone, 2–3 EL Zucker und 3 Eigelb. Die Rahmschicht kann man zudem mit Schokolade (Vollmilch-, Bitter- oder weiße Schokolade), mit Kaffee oder mit diversen Spirituosen (Baileys, Rum, Amaretto, Grand Marnier) aromatisieren.

Die Früchte

Die Trifles meiner Kindheit wurden mit Erdbeer- oder Himbeer-Gelee zubereitet und enthielten Birnen- und Ananaswürfel sowie Kirschen aus dem Glas. Viel einfacher geht's mit frischen Beeren der Saison (allen voran Himbeeren wegen ihres köstlichen Safts) oder mit eingemachtem Obst (Aprikosen, Rhabarber oder Pflaumen).

Die Biskuits

Verwenden Sie Löffelbiskuits (vom Bäcker oder aus dem Paket) oder italienische Amaretti. Eine Schicht Granola – geröstete, karamellisierte Haferflocken mit Rosinen oder anderen Trockenfrüchten – macht sich ebenfalls hervorragend und verleiht dem Ganzen zusätzlich Biss.

Die Englische Creme

Ihre Zubereitung ist nicht ganz einfach, aber wenn man die Technik einmal beherrscht, geht sie einem ganz leicht von der Hand. Die Englische Creme von Armelle ist so gut, dass man sie auch allein als Dessert in Stielgläsern servieren kann! Diese Variante ist sehr reichhaltig und zerfließt nicht zu stark auf den Frucht- oder Rahmschichten Ihres Trifles.

Zubereitungszeit: 10 Minuten
Garzeit: 10 Minuten

1–2 Vanilleschoten
250 ml Vollmilch
250 ml frischer Rahm
6 Eigelb
150 g Zucker

Die Vanilleschoten aufschlitzen. Mit Milch und Rahm in einen Topf geben und zum Kochen bringen. Inzwischen die Eigelbe mit dem Zucker schaumig schlagen, bis sich das Volumen verdoppelt hat. Die Milch-Rahm-Mischung vom Herd nehmen und, sobald sie nicht mehr kocht, auf die Zucker-Eigelb-Mischung gießen, dabei kräftig schlagen. Alles in den Topf zurückgießen und entweder auf einem heißen Wasserbad oder direkt auf der Herdplatte bei kleiner Hitze langsam unter ständigem Rühren erhitzen. Die Creme darf keinesfalls kochen! So lange weiterrühren, bis sie dick wird.
Die richtige Konsistenz hat die Creme, wenn eine Spur, die man mit dem Finger auf dem Rücken eines Holzkochlöffels in die Creme zieht, nicht mehr zerfließt.
Wenn dieser Zustand erreicht ist, den Topf sofort vom Herd nehmen. Da die Creme normalerweise auch so noch weitergart, und zwar besonders auf dem heißen Topfboden, gieße ich sie immer in ein anderes, möglichst vorgekühltes Gefäß. Den letzten Rest vom Boden des Topfes lasse ich dabei weg. Falls die Creme doch ein paar Klümpchen enthält, kräftig mit dem Schneebesen durchschlagen, bis sie sich aufgelöst haben.

Löffelbiskuits

Englische Creme

Trifle – eine Bauanleitung

Ein paar glückliche Verbindungen

Schlagrahm mit weißer Schokolade, Rhabarber, Löffelbiskuits

Himbeeren mit Honig, Whisky-Rahm und einer Schicht Granola

Mit Kaffee getränkte Amaretti, Schlagrahm mit Mascarpone und Eigelb (siehe Seite 162)

Mit Sherry getränkte Löffelbiskuits, Himbeeren, Schlagrahm und Englische Creme

Löffelbiskuits, pochierte Aprikosen mit Vanille, Schlagrahm

Mit Rum getränkte Amaretti, geschmolzene Schokolade, Englische Creme und Schlagrahm

Apfelkompott mit Orangenschale, Schlagrahm mit Grand Marnier, Löffelbiskuits (links)

Die Bauanleitung

Die einzelnen Schichten werden in dieser Reihenfolge übereinander gesetzt: zuerst die mit Alkohol, Kaffee oder Fruchtsaft getränkten Biskuits, dann die Früchte, anschließend der Schlagrahm und darauf die Englische Creme. Wichtig ist, ein Trifle über in den Kühlschrank zu stellen, damit es ausreichend durchziehen kann.

Man kann ein Trifle portionsweise in Gläser oder Becher schichten (das ist sehr »in«). Einen spektakuläreren Effekt erzielt, wer es in einer großen (Glas-)Schüssel anrichtet. Außerdem geht das schneller.

Jemand, der – wie ich – nicht zu den Geschicktesten zählt und eher unregelmäßige Schichten zustande bringt, die ineinander laufen, wir trotzdem ein wunderbar leckeres Trifle hinbekommen.

Das
Eichhörnchen

Alte-Knaben-Konfitüre

Hierbei handelt es sich mehr um eine Art Rum-topf, der zwei Monate durchzieht, und weniger um eine echte Konfitüre.

Als Erstes sollte man ein großes Gefäß und klaren Alkohol von guter Qualität (Beispielsweise Marc de Bourgogne oder Wodka) besorgen.

Je nach Saison legt man reife bis sehr reife, makel-lose Früchte in das Glas, fügt pro Kilogramm Obst 1 kg Zucker hinzu und gießt mit Alkohol auf, bis die Früchte vollständig bedeckt sind. Nicht umrühren!

Begonnen wird mit Erdbeeren, Himbeeren und entsteinten oder nicht entsteinten Kirschen.

Später kommen geviertelte Aprikosen, in Schei-ben geschnittene gelbe oder weiße Pfirsiche und gewürfelte Pflaumen oder Birnen dazu.

Weintrauben gehören ebenfalls hinein. Nun heißt es, sich in Geduld zu üben. Nach 2–3 Monaten können die eingelegten Früchte serviert werden – als Digestif in kleinen Gläsern.

In Muscat eingelegte Trockenfrüchte

Eher ein Tipp als ein richtiges Rezept. Der Mann, bei dem ich immer getrocknetes und eingelegtes Obst kaufe, hat ihn mir anvertraut.

Früchte (in diesem Fall Aprikosen, eingelegte Clementinen, Medjol-Datteln, Malaga-Rosinen, getrocknete Pfirsiche und Ananas) zusammen mit Haselnüssen, Mandeln und Walnusskernen in ein Glas legen und mit Muscat auffüllen. Das Glas gut verschließen und für 2–3 Monate in Speisekammer oder Keller verschwinden lassen.

Pflaumen in Armagnac

Eine Köstlichkeit, die man immer im Vorrat haben sollte. Schmeckt göttlich zu Vanilleeis und heißer Schokoladensauce. Zudem sehr praktisch für die Bewirtung von Überra-schungsbesuch oder wenn man eingeladen ist und das Dessert mitbringen soll.

Zubereitungszeit: 5 Minuten
Garzeit: 5 Minuten
Wartezeit: 2 Wochen

110 g Zucker
500 g Dörrpflaumen (Pruneaux d'Agen)
3 Gewürznelken
3 kleine Zimtstangen
Schale von 1 Orange und ½ Zitrone
200 ml Armagnac

Zucker und 250 ml Wasser in einen Topf geben und 5 Minuten kochen.
Dörrpflaumen, Gewürze und Zitrusschalen auf 3 gründlich gewaschene und getrocknete Marme-ladengläser verteilen. Die Zuckerlösung auskühlen lassen und ebenfalls auf die Gläser verteilen.
Mit dem Armagnac aufgießen und die Pflaumen vollständig damit bedecken. Die Gläser verschlie-ßen und an einem dunklen, kühlen Ort lagern.

Orangenmarmelade

Zubereitungszeit: 30 Minuten
Kochzeit: 1 Stunde
Einweichzeit: 1 Nacht

1,4 kg Bitterorangen (Pomeranzen)
2,7 kg Zucker

Die Orangen schälen. Die Schale in Streifen
schneiden und das Fruchtfleisch würfeln. Dabei
die Kerne nicht wegwerfen, sondern beiseite
legen. Die Kerne in eine kleine Schüssel, Schalen
und Fruchtfleisch in eine Rührschüssel geben.
3,4 l Wasser zum Kochen bringen. 570 ml kochend
heißes Wasser über die Kerne gießen und den
Rest in die Rührschüssel geben. Die Schüsseln
zudecken und über Nacht stehen lassen.
Die Kerne werden am nächsten Morgen von Pektin, einer geleeartigen Masse, bedeckt sein. Die
Flüssigkeit mit dem Pektin durch ein Sieb zu dem
Fruchtfleisch und den Schalen in die Rührschüssel
gießen, dabei mit dem Einweichwasser von Schalen und Fruchtfleisch mehrmals »nachspülen«.
Den Inhalt der Rührschüssel in einen großen Topf
schütten und bei kleiner Hitze köcheln lassen, bis
die Schalen ganz weich sind. Vom Herd nehmen,
den Zucker hinzufügen und rühren, bis er sich
komplett aufgelöst hat.
Die Marmelade erneut aufkochen, dann bei mittlerer Hitze etwa 15 Minuten kochen.
Wenn die Marmelade fertig ist, den Topf vom
Herd nehmen. Die Marmelade abschäumen und
15 Minuten stehen lassen. Anschließend gut
umrühren, damit sich die Orangenschale verteilt.
Auf Gläser verteilen und diese verschließen.

Aprikosenkonfitüre mit Vanille

Für etwa 12 Gläser
Zubereitungszeit: 30 Minuten
Durchziehzeit: 10–12 Stunden
Kochzeit: 5 Minuten

3 kg Aprikosen
3 Vanilleschoten
2,5 kg Zucker
Saft von ½ Zitrone

Die Aprikosen kurz waschen. Abtropfen lassen,
entsteinen und in Stücke schneiden. Die Vanilleschoten längs halbieren und die Hälften quer
durchschneiden, um 12 Stücke zu bekommen.
In einem großen Topf die Aprikosenstücke mit
Zucker, Zitronensaft und Vanille vermischen.
Ziehen lassen, bis sich der Zucker vollständig aufgelöst hat – das dauert etwa 12 Stunden.
Die Konfitüre anschließend bei großer Hitze etwa
5 Minuten unter ständigem Rühren kochen.
In Schraubgläser füllen und dabei in jedes Glas
1 Stück Vanilleschote geben.

TIPP • Kaufen Sie nur dicke, glänzende, weiche Vanilleschoten. Allgemein wird ja empfohlen, Vanilleschoten in Zucker aufzubewahren. Am Ende stehen
Sie dann aber mit aromatisiertem Zucker und einer
ausgetrockneten, harten Schote da.
Ich gebe die Vanilleschoten lieber in gut verschließ-
bare Gläser und lagere diese an einem kühlen Ort.
So bleiben sie glänzend und biegsam.

Lime Curd

Für 2 kleine Gläser
Zubereitungszeit: 15 Minuten
Kochzeit: 20 Minuten

3 unbehandelte Limetten
4 Eier
150 g Zucker
100 g weiche Butter, in Flöckchen

Die Schale der Limetten sorgfältig abreiben und die Früchte auspressen. Schale und Saft in eine Schüssel geben und mit den Eiern verquirlen. Den Zucker und die Butter hinzufügen und unterrühren.
Auf einem heißen Wasserbad etwa 20 Minuten rühren, bis die Masse bindet. Abkühlen lassen, dabei ab und zu durchrühren.

TIPP • Lime Curd ist die perfekte Garnitur für eine Zitronentarte. Stellen Sie einen Mürbeteig (wie auf Seite 90) oder einen Sandteig her, und bestreichen Sie diesen nach dem Backen mit Lime Curd.

Milchkaramell
(der echte)

Für 6–7 Gläser
Kochzeit: 2 ½ Stunden

4 l Vollmilch
2 kg Zucker
4 Vanilleschoten, der Länge nach aufgeschlitzt

Milch, Zucker und Vanille in einen Topf geben
und langsam zum Kochen bringen. Anschließend
2 ½ Stunden bei kleiner Hitze köcheln lassen. Die
Konfitüre ist fertig, wenn die Milch eingedickt
und karamellfarben ist.
Die Vanilleschoten herausnehmen. Die Konfitüre
in Gläser füllen und diese sofort verschließen.
Diese Konfitüre hält sich bis zu 3 Monate.

Milchkaramell
(für Schummler)

Kochzeit: mindestens 4 Stunden

1 große Dose gezuckerte Kondensmilch

In den Dosendeckel ein winziges Loch stechen.
Die Dose in einen Topf mit Wasser stellen. Das
Wasser zum Kochen bringen. Anschließend
bei kleiner Hitze mindestens 4 Stunden leicht
sprudelnd kochen lassen (falls nötig Wasser
nachgießen). Dabei karamellisiert die Milch in
der Dose. Abkühlen lassen.

Zwiebelkonfitüre

Für 6–8 Personen
Zubereitungszeit: 10 Minuten
Garzeit: 1 Stunde

150 g Rosinen
4–5 EL Olivenöl
1 kg rote Zwiebeln, in feine Scheiben geschnitten
150 g Zucker

300 ml Rotwein, 3 EL Balsamico, 3 EL Crème de Cassis
Die Rosinen in warmem Wasser etwa 30 Minuten
quellen lassen. Abtropfen lassen, beiseite stellen.
Das Öl in einer Pfanne erhitzen. Die Zwiebeln
10–15 Minuten bei mittlerer Hitze glasig dünsten.
Den Zucker hinzufügen, die Hitze reduzieren. Die
Zwiebeln weitere 10 Minuten dünsten, bis sie
weich und karamellisiert sind. Die Rosinen, den
Wein, den Balsamico und den Likör dazugeben und
alles 25 bis 30 Minuten köcheln lassen, bis die Flüssigkeit aufgesogen und die Konfitüre eingedickt
ist. Abschmecken und komplett abkühlen lassen.
Die Konfitüre hält sich, gut verschlossen, kühl,
trocken und dunkel gelagert, 2–3 Wochen.

Schnelles Tomaten-Apfel-Chutney

Ergibt etwa 1 kg
Zubereitungszeit: 10 Minuten
Garzeit: 25 Minuten

1 EL Olivenöl
1 Gemüsezwiebel, fein gehackt
½ TL Quatre Epices (oder eine selbst zusammengestellte Mischung aus Muskatnuss, Zimt, Ingwer
und Gewürznelken)
1 großer Apfel (Granny Smith), geschält und in
Würfel geschnitten
2 EL Weißweinessig
1 EL brauner Zucker
1 Dose (400 g) Tomatenstücke
1 EL Tomatenmark
Worcestershiresauce
Salz und Pfeffer

Das Öl in einer Pfanne erhitzen, die Zwiebeln darin glasig dünsten. Quatre épices und Apfel hinzufügen und mitdünsten. Essig und Zucker dazugeben und das Ganze aufkochen. Köcheln lassen,
bis fast keine Flüssigkeit mehr übrig ist.
Tomatenstücke und -mark hinzufügen und alles
noch einige Minuten köcheln lassen. Mit Worcestershiresauce, Salz und Pfeffer würzen.

Das Chutney in ein Sieb gießen. Den Saft auffangen, zu einem dickflüssigen Sirup einkochen und
mit dem Chutney mischen. Das Chutney hält sich
verschlossen im Kühlschrank 1 Woche.

Feigen-Chutney mit Jasmintee

Zubereitungszeit: 10 Minuten
Garzeit: 10 Minuten
Abkühlzeit: 2 Stunden

1 EL oder 1 Teebeutel Jasmintee
abgeriebene Schale und Saft von 1 Orange und
½ Zitrone oder Limette
3 EL Zucker
2 schwarze Pfefferkörner, 1 Gewürznelke
6 reife Feigen, 2 EL Rosinen

Etwa 250 ml starken Jasmintee zubereiten. Zitrusschale und -saft, Zucker, Pfeffer und Nelke hinzufügen. Kochen, bis die Flüssigkeit auf die Hälfte
reduziert ist.
Die Feigen in 2–3 cm große Stücke schneiden und
mit den Rosinen in eine Schüssel geben. Den
heißen Jasmin-Zitrus-Sud durch ein Sieb auf die
Früchte gießen. Das Ganze in den Topf geben und
ein paar Minuten lang bei kleiner Hitze pochieren.
Abkühlen lassen und zu kaltem Fleisch servieren.

Süß-saure Kirschen

Zubereitungszeit: 20 Minuten

2 kg reife, schöne Kirschen
4–5 EL Zucker
1,5 l Weißweinessig
6–8 schwarze Pfefferkörner, 2 Gewürznelken,
1 Lorbeerblatt
Salz

Die Stiele der Kirschen auf etwa 5 mm kürzen. Die
Früchte waschen, gut abtropfen lassen, vorsichtig
trockentupfen und auf 4 oder 5 kleine Gläser mit
Deckel verteilen. Den Zucker darüber streuen.
1 Liter Essig mit Pfeffer, Nelken, Lorbeer und etwas
Salz zum Kochen bringen. Etwa 5 Minuten kochen, dann abkühlen lassen und über die Kirschen
gießen. 24 Stunden durchziehen lassen. Am
nächsten Tag die Marinade in einen Topf zurückgießen, den restlichen Essig hinzufügen und das
Ganze noch einmal 10 Minuten kochen. Die Flüssigkeit über die Kirschen gießen und die Gläser
schließen. Vor dem Verzehr 1 Monat ruhen lassen.

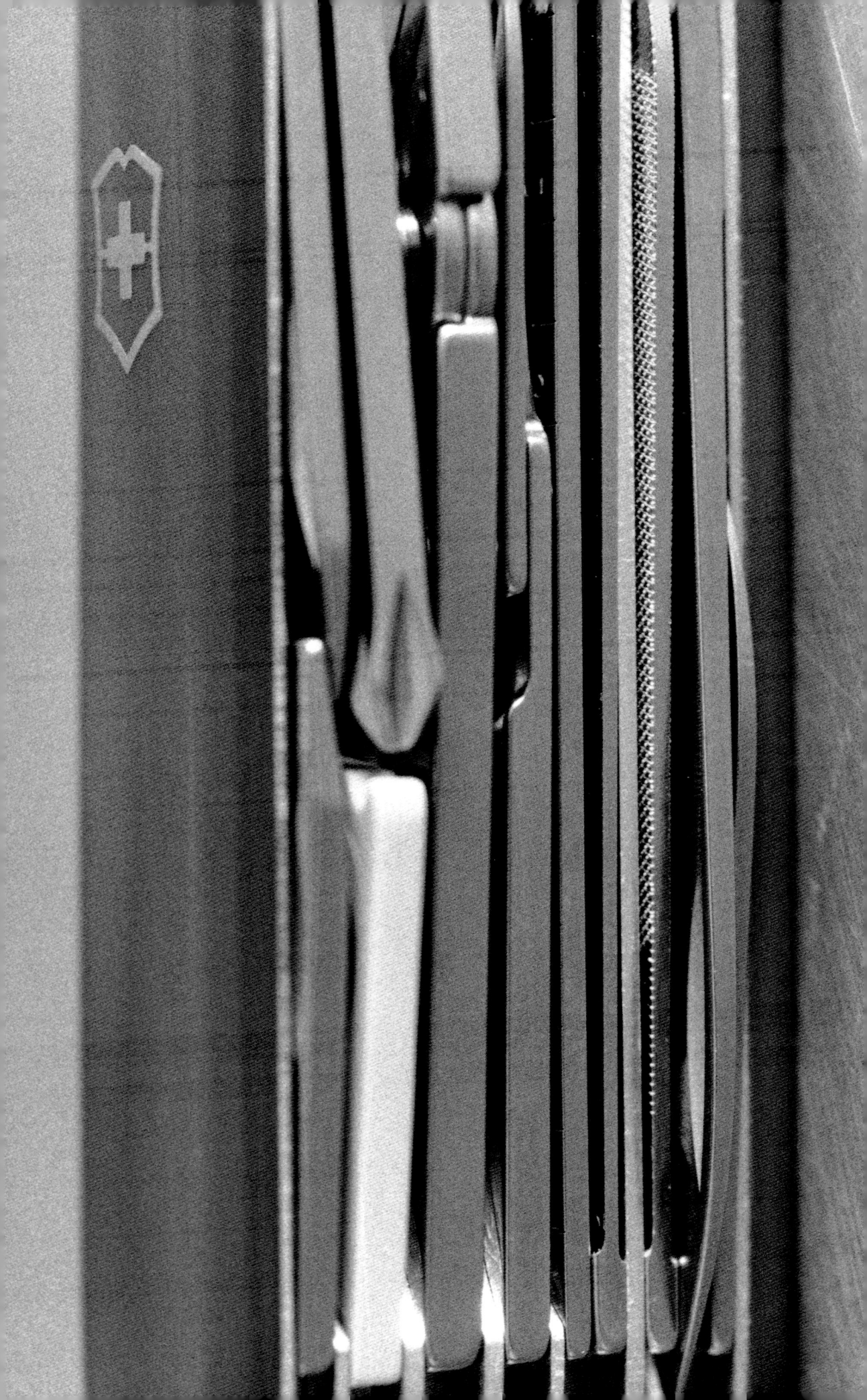

Nützliches

Mein Handwerkszeug
(Im Uhrzeigersinn)

Bratengitter
Ein sehr nützliches Küchengerät, mit dem man einen Braten auch von unten wunderbar goldbraun braten und darüber hinaus das Fett, das beim Braten in den Bräter tropft, problemlos auffangen oder abgießen kann.

Terrine aus Keramik
Perfekt für Fleischterrinen und Gemüseaufläufe.

Bräter
Schlicht und in allen Größen erhältlich. Man bekommt sie sogar in Verbrauchermärkten.

Kartoffelstampfer
Unverzichtbar für ein gelungenes Kartoffelpüree.

Pie-Trichter
Ein wichtiges Gerät! Es stabilisiert den Teig während des Backens und lässt Luft, die sich unter dem Teig und in Pasteten und Pies bildet, entweichen.

Ein guter Koch- oder Schmortopf, beschichtet und mit schwerem Boden
Ein Utensil, das das Leben ungemein vereinfacht.

Messbecher
Für kleine Mengen nehme ich eine Babyflasche. Etwas merkwürdig wirkt das allerdings, wenn man damit beispielsweise Cognac abmisst …

Mein süßer kleiner emaillierter Schmortopf
So einen gibt es in Verbrauchermärkten und Haushaltswarengeschäften. Man braucht also keinen dieser einschüchternden Edel-Küchenshops aufzusuchen.

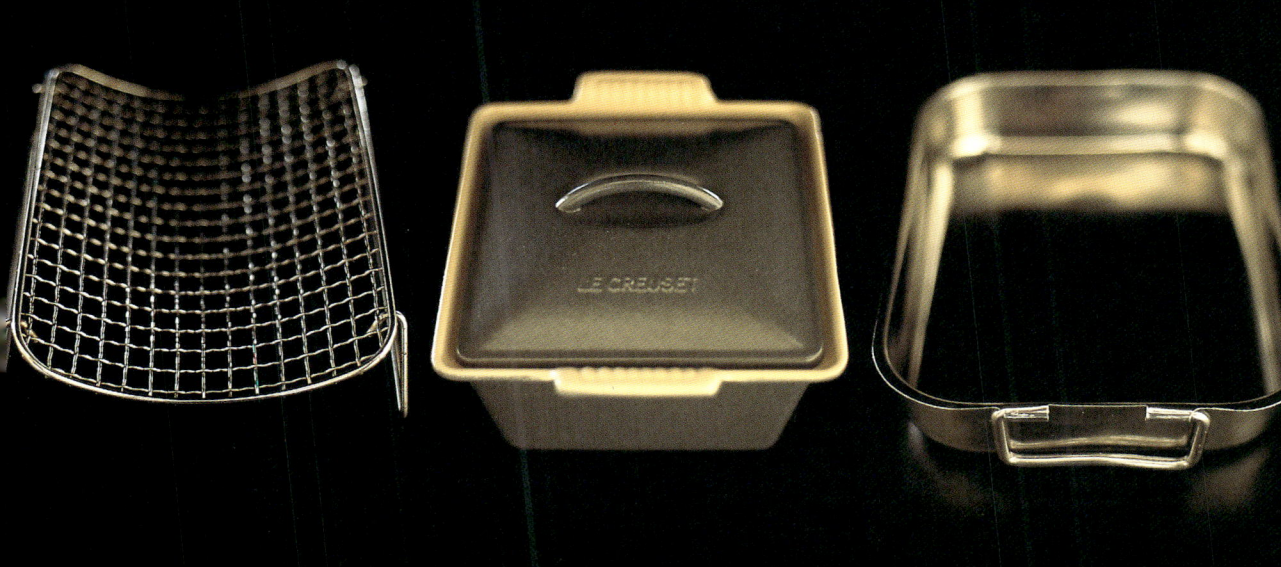

Bratengitter

Terrine

Bräter

Kartoffel-
stampfer

Pie-Trichter

Messbecher

Schmortopf

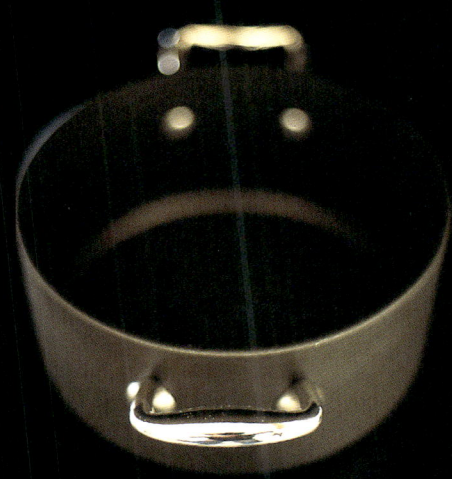

Mit Barbecues habe ich so meine Probleme. Ich weiß, sie sind der Inbegriff eines supernetten, hyperentspannten Essens im Kreise der Familie und mit Freunden. Aber ich mag Barbecues nur, wenn sie bei anderen stattfinden. Es ist doch so: Entweder ist das Essen verkohlt oder man muss ewig darauf warten. Und alles schmeckt nach Anzünder. Hinzu kommt, dass mein Mann zu einem Neandertaler wird, bereit, seine Feuerstelle gegen alle Mitglieder des Stammes zu verteidigen. Ich fühle mich aus meiner Rolle als versorgende Mutter gedrängt, und die Stimmung kühlt regelmäßig spürbar ab – trotz 27 °C im Schatten. Hier dennoch ein paar Ideen für Marinaden, die wirklich lecker sind. Ich freu mich schon darauf, sie demnächst bei Ihnen probieren zu dürfen.

Für Thunfisch- oder Schwertfischsteaks

Zerlassene Butter, Paprikaschoten (gegrillt, gehäutet, abgekühlt und fein gehackt), Zitronensaft, Salz und Pfeffer mischen und den Fisch vor dem Garen damit bestreichen. Wenn die Steaks beim Grillen mindestens zweimal in den Sand fallen, wird die Sache richtig knusprig.

Für Lammkoteletts

Joghurt mit Knoblauch und Ziegenkäse mischen. Fein gehackte Minze, Dill und Olivenöl hinzufügen. Die Koteletts in dieser Marinade wenden und 3–4 Minuten auf jeder Seite grillen. (Unter uns gesagt: Rechnen Sie lieber mit 20–25 Minuten, denn Sie werden mit Sicherheit vergessen haben, die Glut richtig zu entfachen.)

Für Hähnchenbrust

1 EL Mango-Chutney
1 EL Olivenöl
1 EL Ketchup
1 EL Worcestershiresauce
1 EL Senf
1 EL Vollrohrzucker
3 EL Orangensaft
Salz und Pfeffer
1 Spender Duschgel, um sich den Rauchgestank vor dem Schlafengehen vom Leibe zu waschen

Alle Zutaten mischen. Über die Hähnchenbrüste gießen und das Fleisch etwa 30 Minuten in der Marinade ziehen lassen. Die Hähnchenbrüste 4–5 Minuten auf jeder Seite verkohlen lassen.

Marinierte Sardinen

Hier das einzige Barbecue-Rezept, das ich mit einem Lächeln zubereiten würde, denn marinierte Sardinen schmecken roh genauso gut wie gegrillt. Die Fischchen etwa 2 Stunden in einer Mischung aus Olivenöl, Schale und Saft von Zitronen und Limetten, Salz und Pfeffer marinieren. Danach die Sardinen grillen – auf eigene Gefahr!

Fast alle diese Bouillons sind für die Zubereitung von Saucen, Suppen, Fonds, Suden und vielem mehr. Sie können sie drei, vier Tage im Kühlschrank aufbewahren. Oder sie frieren sie in praktischen kleinen Portionen ein – im Tiefkühler halten sie sich monatelang.

Geflügelbrühe

Ergibt etwa 1,5 Liter
Zubereitungszeit: 10 Minuten
Garzeit: 2 Stunden

1 Huhn von etwa 1,5 kg
1 mit Gewürznelken gespickte Zwiebel
2 Stangen Lauch, in dicke Scheiben geschnitten
2 Karotten, in Scheiben geschnitten
2 Stangen Sellerie mit Blättern, in Stücke geschnitten
1 Lorbeerblatt
5 schwarze Pfefferkörner

Alle Zutaten mit 3 Liter kaltem Wasser in einen großen Topf geben, zum Kochen bringen und sofort auf kleine Hitze zurückschalten. Zugedeckt etwa 1 1/2 Stunden köcheln lassen, dabei gelegentlich abschäumen. 30 Minuten abkühlen lassen, dann mit Küchenpapier das Fett von der Oberfläche abnehmen. Die Brühe anschließend durch ein feines Sieb abgießen.
Die im Topf verbliebenen festen Bestandteile entfernen.

Fischsud

Ergibt etwa 1 Liter
Zubereitungszeit: 10 Minuten
Garzeit: 25 Minuten

1 kg Fischgräten
3 Schalotten, fein gehackt
25 g Butter
250 g Champignons, gehackt
2 Karotten, in Scheiben geschnitten
1 Stange Lauch, in dicke Scheiben geschnitten
1 Kräutersträußchen (Petersilie, Lorbeer und Thymian)

Alle Zutaten mit 1,5 Liter kaltem Wasser in einen großen Topf geben und langsam zum Kochen bringen. Bei kleiner Hitze etwa 25 Minuten köcheln lassen, dabei von Zeit zu Zeit abschäumen. Abkühlen lassen und durch ein feines Sieb abgießen. Die Gräten auf keinen Fall zu lange kochen, sie geben dann einen bitteren Geschmack ab.

Gemüsebrühe

Ergibt etwa 1,5 Liter
Zubereitungszeit: 10 Minuten
Garzeit: 1–2 Stunden

30 g Butter
500 g Zwiebeln, fein geschnitten
500 g Karotten, in Scheiben geschnitten
4 Stängel Bleichsellerie mit Blättern, grob gehackt
10 weiße Pfefferkörner
1 Kräutersträußchen (Petersilie, Lorbeer und Thymian)

Die Butter in einem großen Topf zerlassen. Das Gemüse darin sanft andünsten, auf keinen Fall jedoch Farbe annehmen lassen, da dies den großartigen Geschmack der Brühe verderben würde. 2 Liter kaltes Wasser, den Pfeffer und das Kräutersträußchen dazugeben und die Brühe langsam zum Kochen bringen. Die Hitze reduzieren, die Brühe falls nötig abschäumen und bei niedriger Hitze 1–2 Stunden köcheln lassen. Die Brühe durch ein feines Sieb abgießen. Auskühlen lassen.

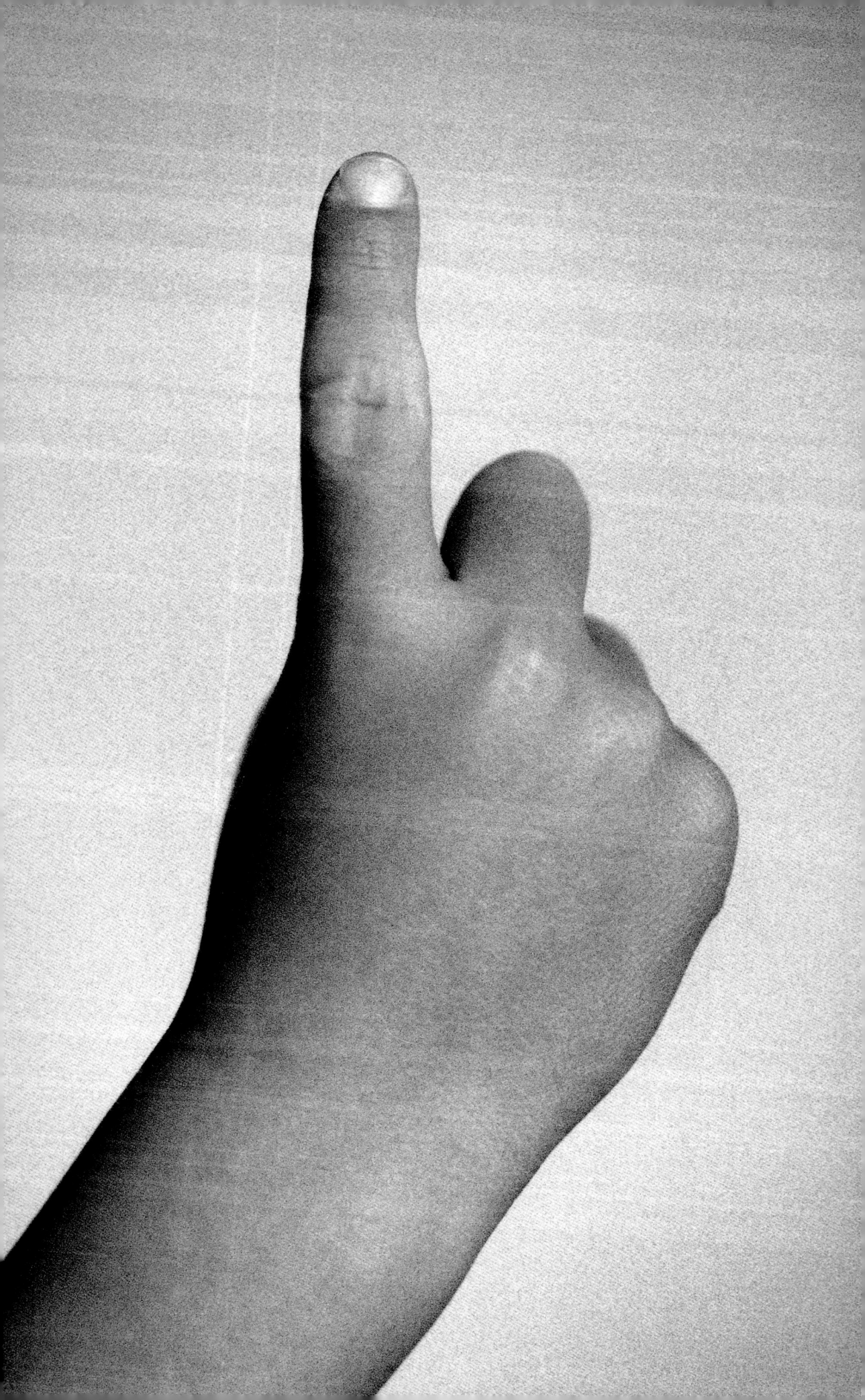

REZEPTVERZEICHNIS

Rezeptverzeichnis A–Z

In memory of my father, Herbie Stevens, who cooked a mean pot-roast.

Trish Deseine
ist Mutter von vier Kindern. Sie stammt aus Irland und lebt seit mehreren Jahren in Frankreich. Trish liebt es, wenn ihr Haus durchweht vom Duft eines frisch gebackenen Kuchens und voller Kinder und Freunde ist. Diese warme, anheimelnde Atmosphäre und ihr hinreißendes Lächeln spiegeln sich auch in diesem Buch wider. Trish Deseine ist Gründerin und Leiterin einer Versandhandelsfirma von Küchenutensilien und Backzutaten: Au Comptoir des Chefs (www.aucomptoirdeschefs.com)

Sylvain Thomas
ist Fotograf und arbeitet hauptsächlich für Zeitschriften.

Von Trish Deseine ist im AT Verlag bereits erschienen:

Klein und fein
150 raffiniert-einfache Rezepte für Gäste

Verrückt nach Schokolade
100 sinnlich-süße Verführungen

Die Originalausgabe dieses Buches ist 2002 unter dem Titel »Mes petits plats préférés«
bei Marabout, Hachette, Paris erschienen. © Marabout (Hachette Livre), 2002
Texte und Rezepte © Trish Deseine Fotos © Sylvain Thomas

Aus dem Französischen übersetzt von Jens Bommel, Kaufering, und Regine Brams, München.

Für die deutschsprachige Ausgabe:
© 2004
AT Verlag, Baden und München
Redaktion und Satz: Redaktionsbüro Cornelia Klaeger, München (Regine Brams, Christiane Hunstein)
Druck und Bindearbeiten: Tien Wah Press, Singapore
Printed in Singapore

ISBN 3-85502-810-9
www.at-verlag.ch